RÉVÉLATION FRANÇAISE.

Quelques semaines après l'accomplissement de la gigantesque Révolution de Février, j'avais conçu, sous un titre approprié, une suite de brochures destinées à l'Assemblée des Représentants du Peuple, dont voici la première. Mon but était d'y exposer des principes, et de poser des questions mal entrevues jusqu'ici. En dedans comme en dehors de l'Assemblée, les événements perturbateurs de toute législation approfondie s'étant précipités plus vite que les idées, j'ai dû renoncer momentanément à mon projet. Parlant en regard d'hommes d'élite et de réflexion, on verra que je n'ai pas craint d'aborder les problèmes les plus ardus de la législation, et de me servir du langage parfois abstrait de la pensée : j'avais mesuré ma parole à la profondeur et l'étendue de ses échos.

Imprimé par Plon frères, 36, rue de Vaugirard

DE

L'ORGANISATION DE LA FRATERNITÉ

OU

D'UNE CONSTITUTION SOCIALE

A DONNER AUX PEUPLES.

PAR G. DESJARDINS

Rédacteur en chef, en 1830, du TRIBUN DU PEUPLE; ex-Président des anciennes Sociétés de L'ÉGALITÉ, des AMIS DU PEUPLE et des DROITS DE L'HOMME.

PARIS

PERROTIN
3, PLACE DU DOYENNÉ.

FURNE
55, RUE SAINT-ANDRÉ-DES-ARTS.

Se trouve

A FRANCFORT, BERLIN, VIENNE, LEIPSIG, BRUXELLES, LONDRES.

MDCCCXLVIII

TABLE DES MATIÈRES.

DE

L'ORGANISATION DE LA FRATERNITÉ

OU

D'UNE CONSTITUTION SOCIALE

A DONNER AUX PEUPLES.

I.

LES DEUX RÉPUBLIQUES.

1830-1848.

RÉPUBLIQUE BOURGEOISE. — RÉPUBLIQUE DÉMOCRATIQUE.

La république bourgeoise achève de s'user. — Depuis l'installation du gouvernement de 1830, dont nous avions prévu et prédit la chute dans un avenir plus ou moins éloigné [1], une grave préoccupation, que nous allons dire tout à l'heure, nous a constamment tenu en haleine.

Ce gouvernement, aujourd'hui qu'il est tombé nous en pouvons convenir, était parfaitement logique avec les prémisses politiques de 1789, qui avaient commencé l'émancipation de la France; et dont, le premier, en 1830, il lui était possible de renouer les tra-

[1] Voir notre polémique du *Tribun du Peuple*, nos brochures, nos lettres politiques consignées dans les journaux démocratiques de l'époque.

ditions à travers les obstacles et les préjugés de toutes sortes, semés sur la route, par le passage de l'impérialisme et de la Restauration.

Mais cet état de choses était hors d'état de durer. Ce gouvernement de priviléges et de minorité ne pouvait avoir qu'une signification temporaire, qu'une efficacité purement transitoire, par des considérations sociales et pour des principes généraux d'un ordre plus élevé, que la période démocratique de 1792 avait assez nettement posés : principes qui pouvaient bien n'avoir pas toute l'actualité possible en 1830, mais qui, à coup sûr, renoueraient inévitablement leurs traditions, à leur temps et à leur tour, parce qu'ils étaient dans toutes les têtes fortes, parce qu'ils étaient un progrès sur les premiers, parce qu'en définitive c'est à eux que l'avenir appartient. Qu'était et que pouvait être en effet un gouvernement de la bourgeoisie pour elle-même et par elle-même? Tout au plus une restauration de république girondine sous un autre nom.

Mêlé, de notre personne, pendant plusieurs années aux luttes incessantes de la place publique et des palais prétendus dynastiques : luttes qui étaient l'expression d'un progrès politique s'accomplissant nécessairement, sourdement, lentement par en bas..... Penché d'assez haut, d'un autre côté, comme penseur, sur cette ruche d'hommes en travail, pour en observer et juger les mouvements généraux, de graves préoccupations nous ont saisi. Un problème social des plus ardus, avons-nous dit, nous a tenu constamment en haleine et dans une tension indicible d'esprit. La simple exposition pourra faire juger ici de son importance.

Il est une donnée politique acquise à l'expérience de tous les temps, un principe politique vérifié par tous les grands faits de l'histoire : la conservation des empires et leur durée comparative ne peut provenir que de deux sources principales : ou des puissantes corporations aristocratiques et démocratiques, se faisant naturellement antagonisme et contre-poids dans l'État; ou bien du respect religieux de la loi, en l'absence de ces mêmes organisations politiques, que toutes les ères de civilisation ne comportent pas également.

Régime bourgeois. — Partant du premier de ces points de vue, celui des institutions corporatives, nous nous sommes demandé sérieusement :

Si la république bourgeoise, autrement dit la monarchie entourée d'institutions républicaines, a pu disparaître et s'abîmer en moins de dix-sept années de conflits intérieurs.

Si, pourvu de la souveraineté nominale, un pouvoir constitué, partageant cette même souveraineté par tiers, 1° entre une famille héréditaire, ayant l'initiative, ensemble et le droit de sanction et de rejet dans la confection des lois; 2° entre une chambre législative des communes, dont le pouvoir héréditaire avait la convocation et la dissolution à sa disposition; 3° entre une chambre aristocratique inamovible, faisant suite naturelle à l'hérédité monarchique, en même temps qu'œuvre de persistance, de droit d'aînesse et de contre-poids vis-à-vis de la chambre temporaire, intermittente et cadette des communes. Si, malgré tous ces éléments de conservation, de fixité, disons-nous, un pareil pouvoir s'est vu précipiter en quelques heures.

Si ce pouvoir, à la tête d'un corps politique de deux cent quarante mille électeurs, d'une force civile organisée, de quinze cent mille gardes nationaux, d'une force militaire de cinq cent mille baïonnettes, d'une force maritime de cent mille marins ; si, maître d'une tribune parlementaire où toutes les questions vives et d'actualité étaient écartées, ajournées, repoussées, étouffées, niées formellement et indéfiniment; si, maître de la fortune publique, d'un budget d'un milliard et demi, des emplois d'un grand État à distribuer et à répartir chaque année, et sans contrôle, entre les affidés du pouvoir : tous éléments d'influence, de défense, de résistance, de séduction; si, disons-nous, pourvu de tous ces gages de confiance, le pouvoir a pu, néanmoins, sentir le sol se dérober tout à coup sous lui.

Si, armé de la Noblesse, de l'Industrie, de la Banque, du Commerce, dont les chefs reposaient en sa main, et le reste venait en série. Armé de princes d'une famille royale nombreuse, individuellement placés comme autant de majuscules brillantes et fleuronnées, à la tête des grands corps de l'État, et des chapitres importants de l'administration gouvernementale.

Armé de la Magistrature et d'un Clergé, politiquement et dogmatiquement dévoués à la conservation de cet ordre de choses.

Armé du rachat du sang et du devoir imposé à la bourgeoisie, au moyen d'une misérable somme d'écus, qui en laissait tout le poids à la classe laborieuse et pauvre, dans la levée des conscriptions.

Armé enfin de l'héritage et des mille et un trésors d'une science administrative antérieure, comparativement bien faite : car Constituante, Empire, Restauration, tout y avait mis la main. Si toutes ces armes sont restées nulles; si tous ces avantages réels de la République bourgeoise n'ont pu l'élever à une force réelle; si l'idée de salut public qui apparaissait aujourd'hui devenait nulle le lendemain, sans que celle qui devait la suivre eût toujours le temps de se montrer et s'établir; si ce gouvernement dynastique a vécu d'expédients et au jour le jour; si rien n'a pu se consolider pendant dix-sept années d'efforts dans un même sens, chaque flot, chaque homme, chaque illustration bourgeoise de cet océan bourgeois manquant de temps et de profondeur; et rentrant bientôt, après qu'il s'était accusé à la surface, sous un niveau commun : sous ce principe d'égalité démocratique invincible, qui depuis 1789, constitue désormais la loi des flux et reflux de la société française.

Régime démocratique. — Que sera-ce maintenant que l'élément modérateur et préservateur n'est nulle part? que la foi dans tout individu s'est retirée? que chaque illustration disparaît, usée et perdue, de la scène politique aussitôt qu'elle s'y montre? Maintenant que le peuple marche tout d'une pièce et d'un mouvement à ses destinées de nivellement, sans reconnaître encore dans sa nature propre aucune règle de conservation, aucune autorité qui l'avertisse et l'empêche de se fourvoyer? quand la nation n'est ni plus ni moins qu'un individu, faillible à tous les chefs, captable à tous les charlatanismes et tous les hameçons, dans ses actes particuliers, dont chacun ambitionne la conduite ou peut devenir l'agent provocateur? quand le *Peuple Souverain*, disons-nous, s'avance, le premier, à ses grandeurs de nivellement égalitaire, par le suffrage universel, c'est-à-dire, par le fait unique de sa volonté, dans tout ce qu'il prépare et décide : comme s'il était possible de supprimer du mode délibératif humain tous les termes supérieurs à la volition, qui ne vient, elle, comme on sait, qu'en troisième ou quatrième lieu, dans les puissances actives de l'autorité de l'être et de la sanction de nos actes! Le peuple, en effet, ne reconnaît jusqu'ici aucune loi d'autorité intellectuelle et morale suffisamment définie, aucune sanction arrêtée en dehors de son individualité collective, pour pouvoir être retenu ou avisé s'il venait à s'égarer : son procédé de vouloir, son mode de s'élancer sur une mer d'opinions individuelles soufflées par tous les vents du caprice, se réduisant, en définitive, dans ses délibérations et ses actes de parti pris, à quoi? à la moitié plus un, comme fait matériel. A cette morale, ce qui est le pire, et qu'on croit sans réplique, quand une fois on a dit : Mais si le peuple, en vertu de sa souveraineté, veut le mal, veut se suicider, qui peut l'en empêcher ? Ce qui équivaut à dire qu'il n'y a ni bien ni mal dans le monde, du moment que la force ou le nombre veut?..... Comme si l'ignorance, l'incapacité, la timidité, ce doute et cette imperfection de nous-mêmes, ne prévalaient pas numériquement et de temps immémorial dans les assemblées délibérantes et l'éducation que le passé nous a faite; et ne pouvaient se prolonger encore longtemps dans les mêmes termes?

Imperfections des assemblées souveraines. Fautes qui découlent de leur nature d'action et de composition. — Que sera-ce maintenant que *l'Assemblée des représentants du peuple*, cette souveraineté seconde ou de délégation, fonctionnera, taillera en pleine étoffe de législation constitutive, avec les qualités, mais aussi avec les défauts particuliers inhérents à ces réunions d'hommes législateurs. S'appelant ou se faisant appeler, dès le lendemain qu'elle aura reçu sa procuration, *Votre Souveraineté;* niant peut-être son origine ou s'en offensant à trois jours de là, si on la lui rappelait. Quand elle s'avancera du champ délibératif dans le champ des volontés et de l'action, sans partage de mandat, sans contre-poids corporatif, c'est-à-dire sans seconde chambre. Sans contrôle naturel et supérieur, sans pouvoir modérateur et intermédiaire de ses actes; touchant le peuple immédiatement de son frac et de son épée législative, sans être le Peuple et sans s'informer toujours si elle ne le blesse pas. Sans atermoiement ni sursis de ses volontés et de l'effet de ses passions : car quels corps en sont plus naturellement agités que les assemblées délibérantes. Mandataires souverains du peuple, si nous voulions descendre à des défauts plus particuliers et presque habituels à tous corps constitués, qui pourraient bien en arriver à confondre et assumer sur leur tête vide de pensées ou de bonne volonté, tous les attributs de la souveraineté réelle, tous les pouvoirs d'administration de la cité; quand, au contraire, le mandataire du peuple est préposé pour les distinguer, les délimiter, les séparer, en faire la science; et, dans l'application, les empêcher de se heurter mutuellement, d'entrer en conflit dans leur mode particulier d'agir et de concourir vers un but social commun. Souverains, délégués en effet pour tendre et resserrer les ressorts du gouvernement de la chose publique, et non pour les relâcher et les disjoindre. Si ces asemblées apportaient, comme cela s'est vu plus d'une fois, dans le champ des délibérations et croisaient, en faisceaux d'armes et de campement hostile l'une à l'autre, toutes les petitesses qui entrent dans la composition individuelle d'une nation, sans en exhiber et apporter les grandeurs de la personne collective : car celles-ci ont du moins pour elles les traditions de leur histoire, et noblesse, comme on sait, oblige.

Absence d'organisation de la souveraineté du peuple. — Que sera-ce maintenant qu'il n'existe aucune définition préétablie des rapports du mandant et du mandataire : ce premier devoir de subordination et de probité auquel nulle assemblée constituante, en prenant siége, ne devrait jamais échapper, et dont nous devons l'exemple à l'Europe? Maintenant que nous n'avons aucune organisation de fait et de droit de la souveraineté; qu'un pouvoir quelconque, improvisé de la veille, peut passer de plain-pied à ces indignes escamotages de la souveraineté nationale dont 1830 a été victime et témoin? Maintenant que, pris au dépourvu, le peuple souverain manque d'une loi souveraine au moyen de laquelle il puisse au besoin, par un simple acte de sa volonté toute-puissante, par le seul fait d'une organisation législativement déterminée, et pour des cas prévus; en se levant ou faisant entendre sa voix d'un bout de l'empire à l'autre, comme un seul homme, casser d'urgence, dans les vingt-quatre heures, à l'instant même, toute assemblée usurpatrice, tout pouvoir inclinant à la tyrannie, sans recourir toujours à l'insurrection, cette dernière et désastreuse arme révolutionnaire à l'usage des opprimés? Quand il est hors d'état de renvoyer toute assemblée convaincue d'incapacité, ce qui est une tyrannie, une usurpation d'une autre espèce; une méprise tout aussi désastreuse du fédéralisme inévitable et du colin-maillard des votes particuliers qu'une grande nation ne doit pas expier indéfiniment? Nous ne faisons ici qu'une simple question : le pouvoir royal qui vient de tomber, et n'était pourvu cependant que d'une troisième portion de souveraineté de délégation, avait le droit de dissolution et de renouvellement des chambres : où sera consigné ce droit, maintenant que la souveraineté est entière et tout au peuple? Quelle organisation omnipotente donnera-t-on à celui-ci pour le mettre à même de fonctionner et remédier?

Imperfections attachées à la souveraineté de l'individu, sans contrôle et sans subalternisation préétablie. — Que sera-ce maintenant que l'homme est souverain de lui-même à tous les titres? Quelle durée peut avoir un régime de liberté concurrente, illimitée, dévorante par son principe même, si elle n'avait un modérateur équivalant à sa puissance, qui admet que le gouvernement et la hiérarchie dans les fonctions appartient au plus digne? Maintenant que chacun essaie ses forces, que chacun veut connaître son poids, bat du poing et de l'ampleur de son corps effréné, le fauteuil élastique et rebondissant où il prétend asseoir son importance politique; quand chacun se croit appelé au moins à l'applaudissement d'un tour de force ou à l'exhibition publique de son chef-d'œuvre particulier; quand l'esprit de saltimbanque entre dans les données et le génie de l'homme d'État? quand tout individu songe à affirmer son droit au lieu de travailler à consolider et mettre en pratique son devoir; quand on fait acte de parti avant de faire acte de nationalité, acte de nationalité avant de faire œuvre d'humanité, œuvre de fraternité, de morale humaine et de tous les temps; que dans la tourmente et l'escalade des degrés du pouvoir qui agite et balance ces flots et ces masses de populations, rien de la veille n'est conservé le lendemain; que le niveau est la seule échelle d'étiage que l'on reconnaisse pour le moment et pour le gonflement des jours qui suivront?

Quand tout parti, ingrat de sa nature, sans autres désirs que son avénement, sans croire à autre chose qu'à lui-même, pousse temporairement tel ou tel chef en avant de lui, exagère ses valeurs personnelles jusqu'à hypertrophie du malheureux : uniquement pour arriver à sa suite, pour se faire hisser et tirer à la corde et à la poulie, à son tour de compère, par échange et réciprocité de bons offices ?

Quand enfin, disons-nous avec une conviction profonde, quand la France révolutionnaire entre deux sociétés, une société ancienne qui achève de tomber et une société nouvelle qui commence de surgir, la nation française marche aujourd'hui visiblement, comme elle a marché de 1789 à 1792, de 92 à 1800, à un acte de table-rase. Appelant ou prête à appeler le législateur sur ce terrain inconnu en beaucoup de parties, mais bientôt débarrassé d'obstacles, comme elle y appela la Convention, comme elle y appela l'Empire. Comme elle y appellerait les générations successives, si elle était encore à cette fois incomprise et inexaucée : malheureuse France étouffant de génie et de révélation dans ses vœux et la portée de son vouloir immense?

Que sera-ce, pour achever d'énumérer les obstacles, avant de tenir compte de toutes les ressources; que sera-ce, qu'adviendra-t-il d'une république démocratique, comme celle dont la consolidation se prépare en France, où la souveraineté, par nature comme par institutions, appartiendra tout entière au Peuple, et, à peine de suicide, doit être retenue par lui? Où tout se déduira et se transmettra organiquement de la même source, par voie de délégation et de fonction, depuis l'Assemblée des Représentants constituants, jusqu'au dernier fonctionnaire en titre. Dans une république débarrassée d'exubérances aristocratiques, où l'esprit d'égalité, depuis longtemps introduit dans les mœurs des citoyens, s'apprête à passer tout entier dans les lois de la cité. Où il ne restera désormais en présence, comme forces vives, que la société et l'individu, que le gouvernement ou la fonction gouvernementale abstraite et les gouvernés, avec leur nécessaire et politique antagonisme, sans pouvoir recourir, dans le cas de dissidences, à la médiation et l'appui de ces grandes corporations intermédiaires des régimes passés, qui les tenaient au moins en équilibre et les amenaient presque toujours à un pacifique compromis de balance et de pondération?...

Beaucoup d'hommes d'agitation ou de politique, sans doute plus experts que nous, peuvent ne pas s'embarrasser de pareilles difficultés, n'y avoir même songé d'aucune manière, dans l'ardeur de vaincre ou l'éblouissement d'être arrivés. Il y a quinze ans que la solution de ces problèmes, à obtenir, remue et dresse comme des pointes de clous les plumes de notre oreiller.

Est-ce à dire, selon nous, que le caractère, si persistant, des révolutions françaises, serait de marcher à la dissolution de tous pouvoirs, à la destruction des éléments de toute société régulière? Nullement. Il y a dix-sept années que la République démocratique, pour nous, est la seule république sérieuse.

Pouvoir d'acquiescement. — Mais pour mettre la durée du temps en rapport direct avec la nature de grandeur de cette démocratie, où l'homme et la société sont appelés à vivre dans une harmonieuse et puissante dualité; pour donner souffle et animation à cette argile embryonaire et nouvelle de la plastique du Peuple et de Dieu, qui semblerait n'en devoir comporter aucun, si on la jugeait du point de vue des anciennes pratiques du pouvoir social connu, il n'y a qu'une condition possible : le respect immense de la loi; qu'une clause capitale du contrat à stipuler, l'acquiescement profond et sincère de tous au caractère de justice distributive de la loi. Respect et acquiescement qu'on ne saurait puiser dans une longue existence déjà acquise à la forme constitutive de la République, puisque c'est la durée du temps et de cette chose même qui fait ici question.

Par acquiescement, on doit bien s'y attendre de la part de notre logique, nous n'entendons pas seulement l'acquiescement à *la loi librement consentie par tous :* vieux mot de l'ancienne théorie des majorités; triste expédient législatif qui n'aboutira jamais, en économie sociale, qu'à des constitutions de formes purement politiques; qu'à des œuvres banales de légiste, aussi mobiles qu'impuissantes dans leur efficacité constitutive; œuvres avec lesquelles les grandes lignes de la morale originelle et les destinations primordiales de l'être humain, n'ont presque rien à faire; et si différentes des décalogues du législateur véritable.

Car, à qui fera-t-on accroire, voyons les choses ici sans illusion ni conventions mensongères et préalables, à qui fera-t-on accroire que la moralité des actes sociaux humains puisse dépendre, en réalité, dans les délibérations de la sagesse d'un peuple, de cette majorité flottante au jour le jour? Et c'est ici le vice radical de tout gouvernement moderne républicain! De cette sanction versatile, modifiée à l'heure l'heure, à la tête la tête, au compte de chaque minute et de chaque allée et venue; au gré de la paresse ou de l'exactitude, de l'accident ou de la persistance des membres de tout corps délibérant? Sortant armés d'une boule par une porte et rentrant par l'autre? Se jetant séparément dans l'un ou l'autre des plateaux de la balance solennelle des décisions publiques, ou s'en écartant capricieusement, qu'on me pardonne la familiarité de l'expression à cause de sa justesse, pour aller rire ou boire, gober de l'air ou vaquer aux servitudes du corps : je parle d'ailleurs à des hommes. Ne croirait-on pas ici toute une grande nation astreinte au régime des écoliers?

Par cet acquiescement, répétons-nous, nous n'entendons pas seulement l'acquiescement à la loi librement consentie par tous, mais encore la loi tombant de prime abord dans l'aperception de tous; dans le domaine de la conscience et de la volonté de chacun. La loi se faisant physiologiste et sainte, parce qu'elle est tirée, exprimée goutte à goutte, conséquence par conséquence, comme une pure essence de la science de l'homme.

Une législation ainsi conçue peut très-bien amener le cercle de la fonction publique à être suffisamment fort et défini, et c'est le point essentiel que nous voulons faire toucher au doigt, pour que tout individu, tout fonctionnaire apte à remplir la fonction, puisse désormais y entrer et en sortir dans sa pureté originelle. Sans s'écarter, sans compromettre, sans corroder en rien le caractère et les parois du cercle fonctionnel, s'il lui arrivait d'être indigne ou incapable : la rectitude de la fonction servant naturellement de mesure pour apprécier et juger les actes du fonctionnaire.

Il n'est nullement difficile de comprendre, qu'où se rencontrerait l'acquiescement et le vouloir organique, que nous supposerons exister pour un moment, c'est-à-dire la volonté de l'homme et ses règles de conduite, déduites de son organisme propre, la loi n'aurait aucune difficulté à se faire draconienne, si le cas le requérait. Qu'une pareille constitution de cité deviendrait bien forte à l'endroit des répressions du mal, où chacun pourrait se dire, dans le for intérieur d'une conscience de longtemps gagnée et convaincue : tant pis pour l'obstacle, tant pis pour la déraison, tant pis pour le crime !

Et qu'on ne suppose pas que nous émettions ici une pure rêverie, une utopie à face heureuse et rebondie, calquée sur les excellentes intentions de ce pacifique et proverbial abbé de Saint-Pierre, retombant toujours dans la manie de l'impraticable. Tel n'est point notre tempérament, encore moins l'allure et le côté pratique de nos idées.

En droit politique et moral, en gouvernement et conservation de la chose publique, celui qui nierait que deux et deux font quatre, que le peuple est le souverain, etc., qui se rebellerait contre la raison morale, le principe imprescriptible et mathématique des choses pour consommer la ruine de ses semblables.

En fait humain, cet autre qui, comme l'Anglais, par exemple, persisterait à empoisonner par l'opium des générations ignorantes ou lâchement dépravées par lui dans leurs goûts, pour satisfaire à un lucre sordide et coupable : nous ne reconnaîtrons jamais la liberté du crime, la loi inflexible sévirait (nous lui laissons à énoncer elle-même dans quelle mesure !) contre cet homme de négation perverse et cet empoisonneur. Car elle n'aurait qu'un cri, qu'une indignation, qu'un jugement émanant de la voix, de la conscience, de la moralité de tous : c'est ce que nous appelons le caractère draconien et d'acquiescement général à la loi.

Et qu'on suppose encore moins ici que nous n'arriverons jamais à la démonstration de ces vérités d'acquiescement général : nous en sommes plus près qu'on ne l'imagine ; c'est l'apostolat de notre époque, où une foule d'hommes de cœur et d'élite se font déjà remarquer.

Au fond, ce que nous signalons ici, c'est mieux que la morale politique issue de la moitié plus un, mieux que la *souveraineté du peuple*, nécessaire et obligatoire en soi, mais qui n'est qu'une fonction de loi seconde. Ce que nous appelons et ne donnons encore ici que comme un type de cité entrevu ou soupçonné, pour ne pas trop dérouter les vieilles routines, c'est la loi de sanction et d'autorité de l'être. C'est la *souveraineté de création, de destination, de but humain*, pour être mise en confrontation avec l'action quotidienne de la souveraineté du peuple, qui veut être rapportée, elle, à la norme d'une morale fixe et antérieure à cette même action. C'est-à-dire la plus haute philosophie spéculative, et en partie déjà pratique, que l'on ait encore essayé d'appliquer aux choses de la société humaine, et dont notre grande France s'est faite le révélateur à plusieurs dates de ses révolutions : car c'est la science de l'homme et celle du cosmos dans leurs rapports harmoniques réciproques ; c'est l'école démocratique française, en un mot, pouvant, une fois poussée à ses dernières limites, donner un concours de puissance gouvernementale et de dignité humaine qui ne s'est encore rencontré jusqu'ici nulle part.

Oui, comme société ancienne, comme association d'abus et exploitation de l'homme par l'homme, la société française périclite et tombe d'une manière irrémédiable, en fissiez-vous momentanément une république nominale ou toute autre forme administrative !... Non, comme démocratie, non, comme création ou découverte de titres originaires et primordiaux de ce qui constitue l'humanité vraie, la société véritable, jamais l'homme ne fut si fort de sanction ; jamais plus près d'institutions prises dans le vif et l'autorité du phénomène des existences ; jamais le caractère de justice, l'action de la force gouvernementale si près d'arriver à la majesté de son complément ; car c'est l'humanité demandant à se consigner, sans mensonge, sans déception possible désormais, dans ses législations :

II.

LES DEUX CONSTITUTIONS.

CONSTITUTION POLITIQUE. — CONSTITUTION SOCIALE.

Deux natures de républiques se rattachent naturellement à ces deux ordres d'idées; deux caractères de constitutions à cette durée propre et comparative des deux gouvernements : la *constitution politique*, la *constitution sociale.* Et c'est du droit de préséance et de priorité à accorder à cette dernière, et qui lui revient logiquement, que la société française souffre énormément en ce moment : où ne marche pas la réforme sociale, la réforme politique se fait paralytique. Celle-là, depuis le 24 février surtout, s'est faite naturellement la tête où l'autre n'est plus devenue que les membres. Qu'importe, en effet, la forme où ne serait pas le fond ? Que peut la République, en France, où ne serait pas la démocratie ? Que vient-on nous parler de constitution politique où ne se formulerait pas concurremment la constitution sociale ?

Et par Démocratie, par Constitution sociale, nous prions qu'on y prête attention, car c'est là-dessus que portera tout ce que nous nous proposons de dire, nous n'entendons pas seulement ici l'organisation du travail, encore bien que celle-ci soit au premier plan des besoins de l'époque à satisfaire; l'association pure et simple des forces mécaniques et productrices de l'atelier, comme s'ahurissent à le répéter la médecine politique symptomatique et les traitements charlatans des plaies de surface. Cette révolution, cette démocratie est plus profonde : profonde comme le mal invétéré qu'elle est appelée à extirper, profonde et incisive comme les traitements héroïques et sûrs qu'elle invite à trouver. Nos politiques qui ne seraient que politiques, nos économistes qui ne seraient qu'économistes, ressemblent trop à ces infirmiers besogneux qui s'agitent vainement autour du lit du malade, en l'absence du médecin, sans parvenir à lui apporter un soulagement réel.

Il se fait d'étranges confusions, d'inconcevables oublis, il en faut convenir, dans quelques têtes françaises. A quoi servent donc les leçons du passé? Il n'est bruit que des bienfaits que doit apporter la constitution politique, suspendue depuis trois mois comme une corne d'abondance sur les destinées et la soif de bonheur de la France républicaine. La constitution va tout sauver. La coordination de toutes les positions sociales particulières en doit sortir inévitablement: attendez! attendez donc, s'écrie-t-on sur tous les tons.

Eh! mon Dieu! ces éléments, ces textes de constitutions-là sont partout. Ils ont été formulés vingt fois, cent fois avec des variantes infinies. Tout est connu, tout est compris, tout est défini de ces magnifiques espérances..... et leur insuffisance aussi! Depuis les attributions du garde-champêtre jusqu'à celles du consul, du directeur, du président; depuis la république fédérale par cantons, par États unis jusqu'à la république unitaire par départements; avec des Constituantes, des Conventions, des Législatives; avec des conseils d'État, des sénats, des tribunats, des votes restreints ou universels, on sait par cœur ce que ces constitutions peuvent,..... et surtout ce qu'elles ne peuvent pas! C'est à perdre compte de tout ce qu'on a vu ou entendu dire de la république politique dans le nouveau monde et dans l'ancien. On y est revenu vingt fois en moins de deux tiers de siècle. C'est un simple travail d'éclectisme à faire pour assortir les textes politiques à la circonstance, à l'accident: c'est l'œuvre d'une semaine au plus, le labeur poudreux d'une demi-douzaine de légistes assis gravement en face d'une écritoire et autour d'une table recouverte de son tapis vert, chargés de compulser et d'analyser des pièces; car la République, cette République-là a aussi son dossier. C'est le travail d'un collége d'archéologues déroulant curieusement, et par passe-temps, les bandelettes qui enveloppent des momies pour en dresser procès-verbal. Le législateur véritable n'a que peu ou point affaire avec cette besogne-là. Une fois les bouquins de la liberté des deux mondes apportés et ouverts sur la table verte, si l'on y met plus de vingt-quatre heures, comme il est arrivé pour l'œuvre de certaine charte, c'est qu'on y voudra plus de pudeur publique qu'en 1830; qu'on y pense introduire par là quelque chose de sacramentel, comme les augures de Rome se regardant entre eux après avoir consulté les entrailles des victimes : car la chose est de soi-même des plus faisables et très-possible de *bâclage*. Si la gravité s'accuse seule au front des augures nationaux, c'est que le rire est enseveli profondément au dedans; ou, pour être juste et vrai envers un grand nombre, c'est que le sourire de l'aise et de l'incapacité s'épanouirait sur certains visages placides et débonnaires; petits hommes qui, ayant pris barres sur d'autres, se préparent à jouer les premiers au ministre, au consul, au président; mesquines vanités qui s'apprêtent à s'enfoncer dans l'édredon des grandeurs jusqu'aux oreilles : comme si l'on pouvait être grand sans faire de grandes choses, puissant sans vouloir et faire un puissant bien, sans une immense compréhension de son époque. Le redressement des vices du passé ne se conquiert pas à si bon marché. La logique des faits et Dieu, par bonheur contre les trébuchements de la médiocrité dont l'humanité finirait toujours par payer les faux pas et la claudication, a placé la création et la foi dans une région plus élevée. Nommez un président avec l'intention secrète ou avouée de maintenir l'unité dans le pouvoir ou de rapprocher davantage les formes républicaines des formes monarchiques. Instituez trois consuls, pour verser plus de lumières et de spécialités dans la tête et les conseils de votre gouvernement. Proclamez cinq directeurs pour satisfaire plus de capacités concurrentes et rendre l'escalade du pouvoir plus facile au commun des ambitions. Tournez votre appétence gouvernementale en unité ; d'unité retournez-la en trinité, en loterie quinaire même, si vous voulez; étanchez votre soif de pouvoir avec un ou deux, avec trois ou sept portefeuilles de ministres, cinq cents ou neuf cents chances de candidatures de législateurs; prenez et reprenez-vous-y comme l'indique la série des expériences connues et les théories de l'ambition girondine, la république bourgeoise ou de pure forme politique et usée. La question n'est plus là.

Une république d'imitation!... mais vous n'y songez pas; pastiche politique, composé d'innombrables pièces de rapport, cascatelle d'inventions étrangères ou médiocres tombant de vingtième ou trentième main jusqu'à nous, mais vous n'y avez pas réfléchi! mais vous avez, depuis soixante ans, l'initiative sur toutes les républiques du monde présentes et passées; comment ne le sentez-vous pas? Votre sol est un, votre peuple est un; votre souverain ne ressemble en rien aux autres, et a toujours laissé loin derrière lui, à chaque renouvellement de ses mouvements, tout ce qui lui fait antagonisme de lumière civique ou l'a précédé dans le stade démocratique ; vous êtes d'un siècle en avant de toute la terre. Les uns en sont à leur 89, d'autres à l'ère constitutionnelle, les plus avancés s'égoïsent dans les petitesses de la république fédérative. Vous seuls tenez et enfantez la démocratie véritable. La France, en ses temps de crises et de transformations créatrices, a-t-elle jamais pris conseil autre que d'elle-même, suivi d'autres errements que l'école qu'elle ouvrait au monde? nation splendide et mûre, nous touchons à notre troisième et dernière transformation démocratique, et je ne sais quel esprit faux d'imitation servile en retarderait l'effet? Une nation de trente-cinq millions d'hommes nous fait muséum, texte vivant d'anatomie législative comparée, et nous irions mettre la main sur des bouquins de vieille politique d'ordre individualiste et diplomatique, sur la lettre morte d'un monde qui n'est plus le nôtre; au lieu d'ouvrir d'un doigt magistral et lire, avec un esprit véritablement français, en ce grand et merveilleux livre qui fourmille et subit ses métamorphoses sous l'œil de nos méditations?

Représentants du peuple! il n'y a eu jusqu'ici que deux grandes et solennelles époques de nationalité révolutionnaire française, et deux grandes créations démocratiques qui leur correspondent d'identité et de génie. Et une troisième phase de grandeur dans laquelle nous venons d'entrer avec 1848, et qui sollicite, à son tour, les puissances de votre génie.

1° Il y a eu la création et l'action de ces grandes terreurs ou coërcitions conventionnelles ; autrement dit la création de la dictature de salut civil, faisant de la nation tout entière une magistrature. Nous aurons beau, du fond de notre petitesse d'individu, secouer l'oreille du doute qui n'accepte pas, tout le reste de l'histoire et des créations révolutionnaires ne s'en perd pas moins dans l'exiguïté du détail et de l'accessoire; tout l'ensemble du mouvement démocratique n'en converge pas moins, n'en demeure pas moins absorbé dans la grandeur et la fermeté de cette œuvre de salut public.

2° Il y a eu à la suite, la création de ces grands flots de conquête et d'envahissement, ces puissantes stratégies révolutionnaires que le génie démocratique seul pouvait trouver ; faisant de tout l'empire un camp et une seule discipline : autrement dit la dictature militaire de salut public.

Deux dictatures de science et de génie français : l'une forçant l'étranger hostile à comprendre l'émancipation du peuple vis-à-vis des aristocraties et des hypocrisies politiques de toute nature, à se convaincre, par ses propres revers ou ses propres triomphes, que force ne fait pas toujours droit. L'autre, tendant à faire rentrer le citoyen égaré dans ses devoirs de civisme. Deux terreurs légitimes, Convention et Consulat, 93 et 1800, tous deux d'ordres distincts si nous les comparons, mais identiques de but en effet : où la société française nouvelle est venue s'affirmer contre les mauvaises et hostiles passions, tant du dehors que du dedans. Deux fortes armes forgées douloureusement, mais forgées enfin par la révolution première, et qu'il n'est permis à aucun de répudier à peine d'être jugé comme moraliste et comme homme d'État. Deux traditions, deux législations armées de toutes pièces, sorties de l'artère et de la tête du peuple, sur lesquelles, sans s'en servir si elle n'y est provoquée, il est permis à la révolution nouvelle de rester appuyée desormais pour son œuvre nouvelle, à peine de désarmer la France réformatrice vis-à-vis des embûches du mal, soit qu'il procède de l'extérieur, soit qu'il vienne de l'intérieur. Car ces armes sont les signes non-seulement de sa force, mais aussi de sa compréhension logique des choses, l'expression de son antipathie pour les fausses doctrines de l'égoïsme et les coalitions coupables de l'individualisme de quelque part qu'elles viennent. Que nous font que les deux codes de ces deux dictatures également nécessaires, ne soient pas écrits et définis à l'égal l'un de l'autre: ce serait tout au plus une lacune dans la législation d'un grand peuple, quant à la dictature d'ordre civil. On ne conçoit pas, en effet, comment la France démocratique parlerait toujours en termes formidables et magnifiques, et comme du haut d'une montagne, à ses ennemis du dehors, et demeurerait sans voix vis-à-vis de ses ennemis du dedans, après avoir fourni ses deux ordres de campagnes et de dévouements civiques de la première révolution. Il y a là quelque chose de mal étudié, de mal compris, quelque chose d'une enfance de civilisation que la sentimentalité ignorante de l'individu ou l'absence de foi politique se plaît d'entretenir contre la société. Pour nous, nous le déclarons, nous sommes plus profondément l'ennemi d'un compatriote qui s'insurgerait contre un principe démocratique une fois acquis à la démonstration, une fois tombé dans l'acquiescement, que nous ne le sommes de l'étranger qui ferait la guerre à notre pays pour tout autre motif. L'un n'attaque que l'idée de nationalité d'un pays, l'autre la religion universelle, le cosmopolitisme d'une idée où se fonde l'avenir de la nationalité de tous.

Revenons de cette digression à notre propos principal.

3° Il y a enfin aujourd'hui la création puissante et pacifique de ces grandes législations démocratiques faisant de toute la France une fraternité, complément et couronnement des deux autres époques de l'œuvre française. Une fraternité, non pas sentimentale, non pas chrétienne, comme nous y poussent dérisoirement des sceptiques qui n'y croient pas et qui pensent à leurs arrangements particuliers, tandis que nous nous débattrons avec une impossibilité de plus avant de l'avoir reconnue, mais une fraternité sociale, une fraternité organisée dans les rapports de l'homme moral et physique, organisée dans le sol qui le porte.

Il y a la création d'une constitution à faire sortir limpide et pure de ses gangues d'un demi-siècle de formation, que nul n'est en droit ni en puissance aujourd'hui de rejeter. Fait de fraternité universelle, autour duquel tout l'ensemble des faits législatifs secondaires de notre révolution de 1848 viendront se grouper et se rattacher, comme autour de la Convention et de Napoléon, de 1792 et de 1800, se sont groupées les vigueurs de création dont nous venons de parler. Une constitution, non pas politique, celle-là est étudiée surabondamment à tous les titres; tout le monde peut la faire, c'est l'a, b, c de la position, une affaire d'éclectisme, la panacée d'ambitieux nombreux et médiocres qui se précipitent dans cette direction pour se faire chefs et conducteurs d'une révolution qu'ils ne comprennent pas, mais une constitution, avons-nous dit, complément et couronnement de l'œuvre créatrice française. Qui peut faire oublier même, si ces législations de fraternité sont maniées avec puissance et génie, que les deux précédentes époques ont été de calamiteux et sanglants enfantements; ou faire avouer par le bonheur et la grandeur de conception des organisations démocratiques actuelles, qu'elles n'ont pas été trop chèrement achetées, puisqu'il est de loi humaine que tout bonheur s'achète.

Mais où sont ces études sociales? où est cette philosophie indispensable et préparatoirement controversée? où est le formulateur un et multiple de la constitution sociale? ce vulgarisateur officiel de la parole de révélation émancipatrice que le peuple fait entendre depuis un demi-siècle et pour laquelle il prend les armes et la voix tonnante des insurrections périodiquement tous les quinze ans? En quoi consistent même ces augustes fraternités dont le nom seul, dans la langue des peuples, est à peine ébauché?

III.

CAPABLES D'ORGANISATION,

INCAPABLES D'INSTITUTION.

Toutes ces objections, que nous venons d'élever contre la durée de la démocratie de 1848, nous nous les étions faites dès la révolution de juillet 1830. En nous posant sérieusement le programme révolutionnaire de 1792, tel qu'il nous a paru que la France l'avait offert et posé à la méditation des générations futures, nous en arrivâmes de bonne heure à ce résultat, qu'un homme avait manqué à la première révolution.

Ce jugement doit paraître au moins hasardé sur une époque qui en a produit de si grands; ceci sembler même une contradiction flagrante avec l'admiration qu'on nous a vu professer, en plus d'une occasion, pour quelques-uns d'entre eux, et vaudra certainement la peine d'être motivé.

Cette conclusion de nos études politiques n'a pas changé depuis lors. Elle a pris même, par les derniers événements qui viennent de s'accomplir, une actualité, une nécessité d'à-propos, dirons-nous, dont tout à l'heure on pourra juger; car il suffira pour nous d'y recourir et de transcrire, pour être dans le plus vif et le plus profond des problèmes sociaux qui remuent aujourd'hui la France, les mêmes causes amenant nécessairement les mêmes effets, les mêmes besoins tendant vers les mêmes satisfactions. Si cette conclusion à laquelle nous sommes arrivé, éclaire en effet tout le passé constituant de la première révolution, République et Empire à la fois, elle ne peut que jeter la lumière sur l'avenir à réaliser de la révolution nouvelle.

Nous déclarons, avant de transcrire ces blâmes contre l'impuissance du passé, qu'il n'entre aucunement dans notre intention d'en faire une application directe et injurieuse à l'Assemblée nationale de nos jours : loin de là, c'est une voix d'appel et d'émulation que nous faisons entendre ; les hautes questions de sociabilité humaine depuis un quart de siècle ont été mieux approfondies, et c'est d'ailleurs à l'ensemble de son œuvre qu'on doit attendre tout législateur[1].

Si la révolution française n'a encore montré qu'en ébauche l'unité vaste que comporte son principe social, si rien du sublime mais informe embryon des enfantements de la démocratie française n'a encore pris consistance et ne s'est dogmatiquement formulé ; nous entendons ici d'une façon définitive et entièrement épurée, pour l'avenir des nations qui attendent leur affranchissement du nouveau révélateur, c'est qu'un homme a manqué, avons-nous dit. Et, par homme, on doit pressentir ce que, nous qui rejetons tout règne du principe individualiste, nous pouvons entendre. Un écho digne et puissant, un collége de sages, un institut de capacités, un condensateur au plus brûlant de ses fièvres d'inspiration et de réalisation réformatrice, a manqué à la révolution française, en travail depuis tantôt un siècle de philosophie, d'une parole humanitaire, démocratique, universelle.

Non que nous prétendions dire par là que la République et l'Empire n'aient possédé aucune sûreté de coup d'œil, développé aucune faculté de systématisation des faits éclos ou prêts à se révéler avec la formidable initiative de 1789 ; ce serait démentir, ce qu'en plus d'une occasion nous avons exprimé du génie de notre belle patrie, marchant, sous l'inspiration d'une grande pensée, à se faire une comme Dieu, s'il nous est permis de hasarder cette comparaison, une de toutes sortes d'unités. Et, en cela, on ne saurait s'empêcher de reconnaître que les deux colosses de gouvernement révolutionnaire, la Convention et l'Empire, chacun dans sa tâche et sa mission distinctes, ont puissamment aidé la France à entrer dans quelques-unes de ses voies particulières d'émancipation et de grandeur sociales.

[1] Voyez *De la Législation des mondes* ou *Philosophie de la révolution française.* Tome I, Prolégomènes. Ouvrage sous presse.

Nous croyons pouvoir nous dispenser de surcharger de guillemets cette série de citations, qui, disons-nous, deviennent un texte palpitant et plein d'actualité. Le lecteur reconnaîtra aisément de lui-même l'endroit où nous désertons le commentaire du passé, pour entrer dans le commentaire de l'avenir ou du présent.

Mais nous affirmons hautement que tous les deux, dans la direction de recherches et d'études plus d'une fois opposées qu'on leur vit prendre, dégagèrent mal l'avenir du principe régénérateur ; définirent mal les termes de la doctrine politique posée par la révolution, ou, pour la nommer de son nom le plus auguste, par la révélation française.

Notoirement au-dessous de l'entente des besoins moraux et matériels, comme du génie initiateur du peuple, tous deux Empire et République, dans la personne de leurs chefs avoués et agissants, manquaient, à l'égal, de cette puissance de tête qui exprime et fait sortir d'un dogme humanitaire et social tout ce qu'il contient; tous deux, comme capacité érigeante et constituante, étaient dépourvus de devination. Tous deux également privés de cette admirable faculté d'induction qui développe et porte en avant les générations, du seuil d'un grand et premier fait révolutionnaire donné, à l'accomplissement paisible et régulier des faits réformateurs subséquents, sans possibilité de varier, sans permission de s'écarter jamais de la ligne droite et ascendante, du point de départ au point d'arrivée. Tous deux enfin, République et Empire (nous ne parlons toujours que de leurs chefs et directeurs) se montrèrent de beaucoup inférieurs à ces quelques cerveaux rares et d'élite jetés çà et là sur la route du temps, qu'on voit ouvrir et marquer de leur nom des ères nouvelles de civilisation. Législateurs modèles et de comparaison écrasante, qui surent faire pour de longs âges, d'une nation et de son gouvernement posés désormais en présence de leur principe une fois bien défini, un tout homogène, une logique vivante et permanente comme aurait été une création de l'ordre phénoménal. Ah! savez-vous d'où provient ce grave défaut de nos hommes de législation moderne? C'est que capables d'organisation, pour tout exprimer ici d'un mot approprié, capables d'organisation, tous se sont montrés également incapables d'institution : caractère législateur bien autrement élevé, bien autrement imposant et rare chez les hommes, que non pas le premier.

Ceci, dans les circonstances actuelles, vaut la peine d'être étudié et démontré. Nous en acceptions la tâche.

IV.

INSTITUTION ET ORGANISATION,

SOCIÉTÉ ET ASSOCIATION :

LEURS CARACTÈRES RESPECTIFS ET LEURS EFFETS COMPARÉS.

J'invite mes lecteurs à me prêter un commencement d'attention; aucune vérité profonde ne pénètre au dedans de nous sans recueillement.

Si l'on part d'une science sociale, qui, pour être forte et vraie, doit toujours prendre pour bases d'étude, d'un côté la physiologie de l'homme, de l'autre la cosmologie du globe et des sphères astronomiques; et, en s'élevant successivement enfin, la théologie ou la science de l'absolu : on reconnaîtra qu'il naît tout d'abord, et fatalement, de ce tronc de philosophie générale, deux rameaux, dès l'instant qu'on veut passer de l'état spéculatif à l'état actif ou d'application de la pensée générale; deux branches ou deux sciences indispensables et parallèles désormais dans leur cours, pour quiconque entreprendrait ou serait appelé à constituer les peuples : nous voulons dire une science d'institution et une science d'organisation.

Par science d'organisation, nous entendons la connaissance des lois organiques humaines, qui comprennent en elles tous les rapports instinctifs d'appétits, d'intérêts privés; tous les besoins de conservation et de développement des forces matérielles de l'homme et de la société elle-même, qui font la perpétuité physique de l'être. Sans toutefois que cet homme et cette société, pourvus d'instincts individuels, cessent pour cela de se montrer susceptibles d'une certaine moralité, ces rapports étant plutôt un degré inférieur des valeurs et significations humaines, qu'un antagonisme décidé des choses d'institution.

Par science d'institution, nous entendons la connaissance approfondie des lois primordiales de l'être humain, qui comprennent en elles tous les rapports abstraits d'intelligence et de sentimentalité. La mise en activité, dans la cité, de la loi de sociabilité inhérente à la nature de l'homme. L'esprit de dévouement, la fraternité, l'égalité, la solidarité et réversibilité des actes moraux producteurs, la souveraineté de perfection ou de but humain, etc., sont le champ intellectuel où l'institution se plaît à s'exercer et d'où elle tire ses principales créations. L'Institution, à ce titre, comprend en soi deux divisions capitales, la Morale et la Religion.

Moins élevée dans son caractère, la science de l'organisation comprend également en soi deux larges et fondamentales divisions: la première, l'organisation des hommes, qu'on appelle particulièrement du nom de Constitution politique, quand elle crée ou fixe législativement les rapports entre les classes de la société; la seconde qu'on nomme du nom de Gouvernement, quand elle fonctionne dans la cité et s'occupe d'une manière formelle du matériel et de l'économie des choses: ce qui ne veut pas dire que dans l'organisation des hommes, il n'entre aussi, en de certaines proportions, de l'organisation des choses; et dans l'organisation des choses de la constitution des hommes, non. Mais, en séparant l'homme de la chose, et réciproquement, afin d'arriver à les mieux étudier, on se trouve dans l'obligation d'assigner à la science du gouvernement, et, par contre, à la science de l'économie politique, ce qui relève plus particulièrement de chacune d'elles, ce qui sert à les distinguer l'une de l'autre.

En d'autres termes :

La *science du gouvernement* ou des formes sociales, en classant les hommes et les hiérarchisant, classe les choses.

La *science de l'économie politique* ou de l'administration de la cité, en classant les choses, classe aussi les hommes : avec cette différence que l'*homme* est le but direct du gouvernement et sa chose le but indirect. Tandis qu'au contraire c'est la *chose* qui est prise pour but direct de l'économie politique, et l'homme pour but secondaire et indirect. Ces deux sciences se comportent, l'une vis-à-vis de l'autre, comme tout ce qui se sert réciproquement de complément, par ordre d'inversion bien plus que par ordre d'antagonisme décidé.

La science de la plupart des hommes d'État ne va pas plus loin que ces deux termes : gouvernement tel quel, — économie politique telle quelle et selon telle forme actuelle et donnée de gouvernement. L'homme pratique, versé dans cette double connaissance, d'ordinaire se croit en droit de méconnaître les parties élevées de la science sociale, je veux dire l'Institution : c'est la cuisinière qui, après avoir réglé les comptes arithmétiques de son office, hausse les épaules sur les mathématiques transcendantes où son maître s'absorbe. Que d'hommes de routine pour un homme de création !

Du reste, nous n'avons point à nous occuper, en ce moment, de ces sous-divisions ou détails pratiques de l'Organisation et de l'Institution : nous n'en prendrons ici scrupuleusement que ce qu'il nous en faut pour nous aider à établir notre proposition capitale et première.

Nous tenons d'autant plus à l'établissement logique de cette distinction d'institution à organisation, qu'elle est pour nous un thermomètre comparatif des capacités gouvernementales, une échelle relative des hautes ou basses températures de l'homme d'État. Parce qu'encore, en pénétrant dans les parties intimes de la philosophie de l'histoire, nous aurons plus d'une fois l'occasion de rattacher à ces déductions fondamentales les efforts politiques des peuples, enregistrés par les annales contemporaines ; à classer les nations entre elles, disparues ou figurant actuellement sur la scène du monde, selon la grandeur respective des buts posés ou atteints, dans l'une ou l'autre de ces deux directions : institution ou organisation. Parce qu'en un mot, et en réalité, il n'y a que ces deux classifications possibles des parties élémentaires de l'être : esprit et matière, loi et phénomène, métaphysique et physique des existences. Et que ces noms d'institution et d'organisation, dans l'ordre humain et politique, correspondent, terme pour terme, à cette double distinction du fait phénoménal et cosmogonique.

Procédons donc, avant tout, à fixer ces deux notions métaphysiques sur leurs gonds.

Une institution a toujours sa racine dans l'homme physiologique : une organisation ne l'a pas toujours. Par physiologie de l'homme, nous entendons tous les rapports de sociabilité originelle et organique, l'homme physique et physiologique à la fois ; ne considérant ces deux choses, que vainement on a voulu traiter par voie de séparation radicale, que comme le double aspect d'une même unité.

Une institution est inhérente à la constitution intime et naturelle de la société, une de ses façons d'être : une organisation se réfère le plus souvent à telle ou telle nature d'association, et, comme cette dernière, changera en changeant de but.

Une instituton est un produit d'autorité morale, un fait de souveraineté de but humain. Une organisation est presque toujours un fait de volonté particulière, souvent même un acte de la force matérielle ou de la mobilité de l'opinion; l'expression, pour tout dire, d'un besoin momentané, changeant comme la cause qui l'a déterminée.

La société, la justice, la morale, la religion sont d'institution. La guerre, l'administration de l'empire, la police des cités, la répartition des charges et des bénéfices, du travail et des fonctions, sont d'organisation.

A ce point de vue que nous croyons le vrai, pour les deux ordres d'idées, l'organisation, dans ce qu'elle a de civil et de politique, est circonscrite aux besoins du temps, des associés ou gouvernés. Elle n'est souvent qu'une relation de chair ou de caste, ayant pour origine la satisfaction de besoins trop réels souvent, d'un côté, mais souvent aussi de misérables vanités, d'égoïstes et tyranniques appétits, créés par l'élément du principe individuel. Fait contingentiel, matériel, local, temporaire, conventionnel la plupart du temps, les organisations, en matière de forme gouvernementale, sont d'ordre intermittent, comme les besoins de l'homme dans la nature; transitoires comme le sont les individualités où elles prennent leur source, et qu'elles relient momentanément entre elles.

Moins sujette à s'altérer, moins mobile, plus générale et plus morale en sa portée que toutes ces conventions avouées ou tacites d'individu à individu, l'institution affecte la généralité des hommes et découle de leur mode organique et nécessaire d'être. C'est la permanence, l'indélébilité, qui font la supériorité et la haute signification des moralités de l'institution. On peut n'avoir pas tel appétit, tel intérêt personnel dans un moment donné : on ne saurait s'empêcher d'être constamment, physiologiquement organisé, de sentiment et de pensée, de corps et d'âme, selon le vieux langage, pour la sympathie, le dévouement, le devoir, les rapports simples ou généraux de famille ou de société.

Les organisations passent, s'oblitèrent ou changent : elles ont souvent moins en vue la conservation et le développement des hommes que des choses ou des intérêts actuellement créés. Le principe d'une institution ne saurait s'oblitérer ou disparaître entièrement. Une institution peut être plus ou moins active, plus ou moins développée dans les mœurs et la législation d'un peuple, avec telle ou telle civilisation d'une époque donnée; mais elle constitue le fond ou partie du fond de notre nature d'homme; mais elle embrasse nos rapports d'individu à individu, et d'individu à société. Mais elle établit nos modes d'être et nos réciprocités morales de grande famille à grande famille, appelées nations. Ce qui est d'institution, c'est-à-dire pris essentiellement dans la nature et les destinations de l'homme, ne vieillit pas, mais au contraire progresse et se développe, si d'odieuses coërcitions d'une force irrationnelle et brutale ne s'y opposent. Toute institution possible, dans quelque conscience et sous quelque latitude du globe que vous fouilliez et la cherchiez, est pour le moins à l'état latent : il y a imprescriptibilité de l'institution.

Instituer, dans la plus large acception du mot, est donc la science du dogme social et religieux, à son état d'application législative vis-à-vis de la société entière. La physique et la métaphysique de l'être humain sont les deux flambeaux de cette science, laquelle ne saurait marcher qu'à tâtons, ou tomber dans de grossières erreurs, si elle ne prenait que l'une ou l'autre de ces deux connaissances, pour lumière et pour guide, ainsi que nous aurons à le reprocher à plusieurs sectes religieuses. Avec cette science vous créez des mœurs, vous mettez en des rapports de raison, de fonction, de sentiment, l'homme avec les phénomènes du cosmos et les mystères de l'absolu.

Organiser offre un sens plus restreint. Dans l'organisation, partant presque toujours d'un point de vue analytique, vous calculez d'abord les forces de l'individu, considéré isolément. Vous établissez leur durée, leur puissance actuelle et renouvelée avec l'aide et les réparations journalières du temps, vous en faites une somme qui vous donne un levier, une machine déterminée, ainsi que la nomme l'économie politique, dans sa langue qui ne respecte rien que le produit net et la propriété. Puis, vous multipliez cette première somme élémentaire par elle-même, c'est-à-dire autant de fois que vos besoins l'exigent, par l'adjonction d'un nombre d'individualités semblables à la première, et dans la proportion du but à atteindre. Cela fait, vous appliquez cette somme totale de forces à un obstacle à vaincre, à une production à réaliser, à un état de choses actuellement à maintenir. Vous l'abandonnez, la brisez tout aussitôt qu'elle tombe au-dessous du chiffre des réalisations que vous en pouviez attendre : c'est ce qu'on appelle organisation, économie politique.

Un but d'activité spéciale, temporaire, peut être en effet organisé : l'association des hommes et des choses est là pour y pourvoir. Il peut être ajourné, suspendu, brisé; avoir lieu comme n'avoir pas lieu, s'éteindre par la satisfaction et l'obtention de l'objet pour lequel l'organisation spéciale a été créée : c'est une affaire de combinaison des forces déjà subsistantes dans les éléments de la cité actuellement mis en présence et en œuvre. On n'est pas aussi complétement maître de créer, ou, pour parler plus exactement, de dégager des nouveautés dans l'ordre des institutions et de la société donnée par la nature : les types des caractères de l'homme et de sa sociabilité native, sont invariables et limités à un certain nombre déterminé, de soi-même assez restreint. Le génie du législateur consiste à les concevoir dans tout ce qu'ils contiennent d'important en eux-mêmes. A les développer par suite, et *in extenso*, dans de mutuels rapports, jusqu'aux confins de leurs limites propres, et de celles que comporte en soi la formule physiologique de la société humaine.

Il ne faudrait pas inférer de là, que, dans l'économie du bonheur et des destinées de l'homme à déterminer législativement, l'organisation, encore bien que plus active et plus fertile en expédients, soit plus capable : et partant préférable au génie de l'institution, ce qui serait contradictoire avec tout ce que nous avons établi précédemment. Non : si, avec la première, vous avez le fortuit, le temporaire, le variable, et aussi le moyen prompt ou la possibilité de réalisations rapides et de produits tels quels. Seule la seconde vous offre le nécessaire, le permanent, la loi qui donne l'unité-homme. Seule vous accorde la faculté de resserrer le lien indissoluble qui unit toutes les parties de l'individu à la famille, toutes les parties de celle-ci à la société, à l'humanité. L'Institution bien comprise dans ses révélations, et habilement administrée dans ses applications, pénètre toutes les profondeurs, atteint toutes les parties intimes de l'existence sociale et individuelle à la fois, où l'Organisation s'agite et s'arrête souvent à de simples et grossières surfaces par voie d'association. L'organisation est un arrangement des forces vives de la société, l'institution une création des moralités et des actes de haute portée, dans la ligne des sanctions et de l'autorité de l'être.

Association et Société. — Ce n'est pas sans dessein que nous venons de jeter le mot d'association à côté de celui d'organisation et presque sous la même accolade : faisons miroiter ici notre raisonnement aux cent facettes, pour n'en pas laisser échapper la lumière, avant que d'en être pénétrés. L'organisation a pour essence, en effet, en même temps que pour but, quoi ? l'Association ; comme l'institution, elle a, pour essence et pour terme d'aboutissement, quel point de vue définitif ? la Société, la société humaine proprement dite. La Société est la permanence de tous les types d'association possibles ; elle est leur existence en puissance, latente ou patente, selon les développements d'une civilisation donnée. L'Association, elle, est l'éventualité, l'actualité de chacun de ces mêmes types d'activité humaine.

Au point de vue du bien,

L'Association peut, à chacune de ses combinaisons, comprendre un plus ou moins grand nombre d'individus dans ses bienfaits et ses arrangements ; la Société les comprend tous, comme elle enveloppe dans ses capacités actives toutes les fonctions, toutes les manières d'être, tous les buts, tant en rapport avec les individus qu'avec la personne collective qu'on nomme peuple, nation.

Au point de vue du mal,

L'Association, par nature plus altérable, plus corruptible que son aînée, peut faire œuvre de castes, œuvre de priviléges et de tyrannie : l'odieux, l'injuste, l'exceptionnel, il n'est pas rare de le voir, peuvent pénétrer de partout dans ses combinaisons. La Société, nous restons toujours ici dans la définition de sa pure essence, la société fait toujours et avant tout œuvre d'espèce et de généralité. L'Association est de contrat, la Société de nature, pour tout ramener d'un mot à la plus simple expression de ces deux modes de coordination sociale.

Si ces distinctions et ces principes des choses sont vrais, et tous les jours ils se vérifient par le cours des annales humaines, l'Organisation serait donc une œuvre assez vulgaire de soi-même, et fréquemment produite chez les hommes en société. L'Institution, au contraire, comprise et définie comme dessus, une de ces œuvres rares, transcendantes et propres à se perpétuer dans le cours des âges, ouvrant quelquefois même de nouvelles ères de civilisation. L'institution, si nous remontons vers le passé, qui ne traitait jamais de son avenir que sous la forme de l'individu, l'institution serait un de ces faits régénérateurs, qu'offre de loin à loin l'histoire, laquelle ne compte guère, entrés dans cette large voie, qu'un très-petit nombre de noms, auxquels l'humanité reconnaissante n'a pas craint d'attribuer, dans le temps, une sorte de mission surnaturelle, d'octroyer une part de la divinité.

Christ, à ce point de vue, a été un homme d'institutions. Je ne comprends point saint Paul et l'Église venus après, qui ont fait la science et précisé par des organisations ce que le premier avait enseigné et laissé à l'état de morale et de sentiment. Moïse, lui, a réuni en sa personne les deux caractères : il est instituteur et organisateur tout ensemble. Aussi est-il encore Moïse par lui-même; Moïse par l'institution d'un peuple qui, malgré sa dispersion, survit depuis trois ou quatre durées d'empires à son antique et violente dispersion : attestant ainsi à la terre la puissance vivace et profonde du génie du législateur. Napoléon, quoi qu'on ait pu dire de lui en son temps, placé en dehors des besoins intelligents et moraux, à beaucoup d'égards, du grand fait révolutionnaire français, Napoléon, lui, a été seulement et simplement un organisateur, avec possibilité pleine et entière de mieux être.

L'*Organisateur*, et nous sommes loin de nous laisser aller ici à aucune pensée de dénigrement, l'organisateur, que ce soit l'être abstrait et collectif d'une assemblée telle que la Constituante ou la Convention, ou simplement un individu comme Charlemagne ou Napoléon, donnant son nom à toutes choses de son règne, l'organisateur, disons-nous, est la personne active dont l'esprit, doué d'une certaine force d'intelligence et de netteté de vues, opère et crée des combinaisons législatives et gouvernementales dans une certaine mesure de mérite, d'à-propos et de durée. Mérite incontestable, mais qui se traîne pourtant, par faute d'une complète richesse d'invention et de spontanéité propres, sur une collection de faits acquis, d'idées antérieurement connues, de conséquences à l'avance prononcées, d'expériences déjà faites ou plus ou moins avouées par les routines du temps et confessées par l'opinion actuellement régnante.

Cherchez donc là l'étincelle qui fait et allume pour de longs siècles l'innovation !

L'Organisateur est une personne magistrale, qui possède une certaine connaissance pratique et toute d'étude locale des sociétés subsistantes, qui n'est pas toujours la science véritable de l'homme, la connaissance approfondie de ses destinations primordiales. La découverte, la révélation rarement sont là. L'organisateur est à l'homme d'institutions, ce que l'éloquence est à la poésie, l'esprit de classement et d'usualité au génie d'invention, l'idée à la pensée, le raisonneur à l'artiste. L'organisateur, à proprement parler, est plutôt un groupeur habile d'idées et de faits dont il n'est pas l'auteur, qu'un homme de création et de paternité sociale. Un fabricateur de constitutions, qui se trouvent usées du premier au dernier mot souvent avant que d'être appliquées, pour peu qu'on mette de temps à les fabriquer. C'est précisément le genre de mérite que nous reconnaissons, mais au delà duquel en le prenant dans ses meilleurs termes, nous n'accordons pas grand'chose aux combinaisons sociales et au génie novateur des organisateurs brevetés de la République et de l'Empire. Témoin la chute de leur gouvernement, et celle de tant de régimes et de constitutions courant dans la même ornière, qui se sont succédé et culbutés l'un sur l'autre dans le court espace d'un demi-siècle.

De là une différence relative notable : l'Organisateur, en matière de profondeur et d'appel à ses méditations propres, trouvera des insolubilités à l'endroit même où l'Instituteur rencontrera, lui, l'occasion de son plus beau triomphe, l'inspiration de ses plus hautes pensées. Ainsi Napoléon, l'organisateur le plus éminent des temps modernes, disait les problèmes révolutionnaires insolubles, les révélations initiatrices des masses populaires, inapplicables. Que n'eût pas fait cet homme si puissant sous un certain aspect et dans la position donnée, avec une plus grande étendue de génie, j'entends de génie législateur ! Aussi qu'arriva-t-il ? Qu'il imprima pour quelques années à la France démocratique, bien plutôt le cachet de sa physionomie particulière, qu'il n'étendit et ne sut fouiller en relief, le sceau de grandeur propre que cette Cybèle des émancipations humanitaires commençait déjà de porter au front avec le grand caractère de sa première révolution.

En d'autres termes et pour resserrer en un seul nœud tous les termes précédents : c'est faire acte d'association que d'organiser ;

c'est faire émission et acte de société que d'instituer. L'association, fille de contrats et de conventions facultatives, est susceptible de se dissoudre: ses buts sont temporaires et particuliers. La société, mère de toutes choses humaines, de par la nature qui la donne dès l'origine, peut bien ne pas toujours instituer, c'est-à-dire rendre actives, à l'aide d'une organisation appropriée, les moralités et sentimentalités qui lui sont propres; mais ces moralités ou tendances à l'institution n'en subsistent pas moins. Latentes ou patentes, rien ne peut en opérer la dissolution d'une manière absolue: leur but est général, permanent. Leur imprescriptibilité est dans le caractère même et la perpétuité de l'espèce physiologique, comme elle est également dans la société: cette autre personne morale, cette autre mère abstraite et collective qui prime la première, en tant qu'idée, la complète et la développe[1].

[1] Ce n'est pas ici le lieu d'administrer des preuves *ex professo* contre ceux qui confondent l'Association avec la Société; le mode de création politique inférieure, appartenant aux combinaisons de l'Organisation, avec le mode supérieur découlant des lois organiques humaines de l'Institution. A toutes choses leur mesure. Ailleurs nous l'avons entrepris et nous sommes à la veille de publier les résultats d'une longue méditation, d'apporter dans la discussion des témoignages de l'ordre physiologique sans réplique possible. Nous regardons cette tâche comme un devoir impérieux et d'urgence; car combien d'hommes d'État et de publicistes de nos jours, dont l'éducation politique en est encore à la théorie du *Contrat social*, ce Décalogue de l'égoïsme en matière civile, ce code d'un droit individuel assez mal établi, que l'auteur, malgré ses talents, mais vaincu d'ignorance et d'absence de science réelle de l'homme, n'a pu élever au-dessus du type légal et vulgaire d'une compagnie d'assurances mutuelles de nos jours, d'une fromagerie des cantons suisses ou d'une fabrique de sucre de betteraves entre propriétaires riverains! Et, le pire de tout, c'est que ces prétendus hommes d'État et de législation, ne sont pas sans une certaine part d'influence dans les destinées des nations, menacées encore de se fourvoyer à leur suite, de recommencer les tempêtes qui ont bouleversé, de quinze ans en quinze ans, le sol de la patrie. Comment arriverait-on, en effet, à des conséquences louables, à des organisations d'une longue durée, quand on part d'un principe erroné?

D'autres, par la même aberration de jugement et les mêmes préjugés d'éducation théorique, cherchent dans l'Association des remèdes efficaces et prompts à des maux actuels et trop réels de la Société: remèdes héroïques, que la Société seule, telle que nous la définissons, pourra trouver en soi; mais à la condition de descendre dans ses profondeurs, par une étude grave et consciencieuse de l'homme, et de se laisser ramener elle-même à sa véritable norme et ses naturelles destinations. Comment peut-on songer sérieusement à une science d'application, quand on n'a pas la science du principe? C'est donc de l'empirisme, le pire de tous les traitements, qu'on se proposerait de pratiquer sur le malade? Ah! qu'on s'en pénètre bien! la révélation politique française ne demande pas seulement la langue et le cœur d'apôtre, elle exige encore et avant tout le langage et l'œil éclairé de la science du dogme social.

V.

LIBERTÉ, ÉGALITÉ, FRATERNITÉ :

Dans quel sens doit être entendue et complétée la formule démocratique française.

Il ressort de tout ce que nous venons d'exposer, une grande et fâcheuse vérité.

Manipulateurs habiles de quelques parties matérielles plus ou moins accessibles à l'arrangement du regard et de la main ; légistes superficiels et besogneux, usurpant la plupart du temps la place et le caractère du législateur appelé ; soldats turbulents d'une vaste circonférence d'idées plus ou moins indisciplinées qu'aucun d'eux n'avait créée, et qu'il s'agissait maintenant de mettre en ordre et sur pied, pour combattre et vaincre tous les obstacles d'un avenir fait hostile et malveillant par les hommes d'opposition ; il ressort visiblement, disons-nous, qu'aucun des gouvernements nés de la révolution de 1789, ne s'est présenté de force à se faire l'instituteur de la pensée démocratique. Que nul ne s'est montré apte à s'enfoncer au sanctuaire politique qui venait de s'ouvrir sous le piédestal de cette France révélatrice, humanitaire et législatrice à la fois, pour en achever la création architectonique.

Par exemple, et pour ne pas sortir du programme de 1789, qui fait le fond de nos observations actuelles, qu'ont-ils su faire de la *Fraternité ?*... de l'*Egalité ?*... de la *Liberté ?*... dont l'époque venait de prononcer la formule collective ? dont les générations, éblouies un moment par ce phare d'espérance et de salut inattendu, voulaient impérieusement le règne ?

Qu'ont-ils fait de la Liberté, dis-je ?

Non cette liberté anarchique et fausse, si l'on récapitule ses erreurs théoriques du dix-huitième siècle. Non cette mégère ignorante, échappée d'un dogme physiologique et saugrenu de prétendus sauvages. Non ce code d'individus et de citoyens, pouvant se lier par contrat synallagmatique ou tacite, arrivant à se poser en conséquence et dans la personne de chacun d'eux, à l'égal de l'autorité sociale, puisqu'un beau jour en effet ils l'avaient inventée tous ensemble. Non cette stupide et dangereuse rêverie, dénuée de science de l'homme et de méditations des lois du monde, dont Condorcet et J.-J. Rousseau se firent les prêtres enseignants et desservants, sans mission réelle d'en haut.

Mais cette liberté pratique, émanée directement du principe de sociabilité native, inhérente et attachée à la condition d'homme, mais cette liberté sainte et fille du devoir, dont le droit est de tout faire, oui ; mais dans les limites et le respect du droit de tous....

Qu'ont-ils fait de l'Égalité, disons-nous encore ?

Non pas l'égalité de niveau, qui efface illogiquement les inégalités relatives d'homme à homme, sur lesquelles sont fondées la loi de sociabilité humaine, et ce principe sympathique, bien plus élevé que l'égalité elle-même, je veux dire la fraternité.

Non : mais cette égalité de droit cosmologique ou divin, car l'homme est cosmique avant que d'être social, social avant que d'être individuel ; cette égalité, disons-nous, qui n'est susceptible quant à son essence, quoique différant de formes en nombre infini, ni de plus, ni de moins. Car, on est homme au même titre organique et physiologique qu'un autre homme, ou on ne l'est pas, on n'est rien, on n'a pas vie, on n'a pas forme.

Fraternité, ajoutons-nous encore :

Non pas cette fraternité consanguine et purement sentimentale, prédication assez équivoque et pour le moins incomplète de Christ, dont le savoir, pour de bonnes raisons, n'y regardait pas de près : car on n'est point frère de tout le monde selon la fraternité utérine, pas plus qu'on n'est l'égal du premier venu par le poids et la tension mécanique de ses muscles, ou la sensibilité intelligente et pensante de ses nerfs.

Non : mais cette fraternité moins charnelle et plus idéale, plus auguste et plus élevée, laissant là toute figure de mots et ressortant des rapports intimes de la société, de l'égalité au soleil, de l'égalité au flambeau civilisateur de la société, selon de certaines lois de sociabilité et de cosmogonie antérieures à tout fait de consentement et d'application.

Qu'ont-ils fait du *Communisme* enfin ? Car la formule trinaire, Liberté, Égalité, Fraternité, ne pouvait être le dernier mot de la révélation démocratique française : rien n'est bien et ne peut subsister sans son lien d'unité, sans cette force circonférente et centrale à la fois, qui ramenant tous les termes du ternaire et des autres nombres au même foyer, en fait une synthèse géométrique et un système de phénomène unique. Il n'y a que de pauvres estropiés de logique et de cervelle, capables de s'imaginer que les choses, même en matière d'affaires humaines, puissent se constituer par la ligne droite et durer de leur durée propre, sans quadrature et sans sphéricité. Qu'ont-ils fait, disons-nous, du communisme, cette religion politique future du genre humain, qui, si elle n'était pas encore nommée de son vrai nom, n'en fermentait pas moins dans l'intelligence d'un grand peuple ? Car, nous ne prenons pas le grossier et inintelligent babouvisme de la période directoriale, qui retranchait la science et l'art d'un trait de plume, pour le germe même de cette religion sociale nouvelle. Flambeau vivificateur, signe auguste de salut politique des générations nouvelles, qui n'attendait que son occasion pour être nommé; que son législateur, pour en faire la science et en inaugurer les bienfaits; car, il contient en soi toutes les bases premières de l'institution ensemble et de l'organisation démocratiques que nous avons signalées. Car il est la sanction morale des actes de l'autorité publique et privée de l'être humain.

Qu'avons-nous de semblable, aujourd'hui, et qui nous vienne des hommes de la République et de l'Empire ?

Aphorismes de science sociale et de physiologie humaine.

FORMULE GÉNÉRALE.

I. Les hommes naissent égaux.

II. Meurent égaux.

III. Sont en fait et en droit une fonction de l'univers, au point de vue cosmologique et pendant la durée de leur apparition sur la terre.

C'est ce fait trinaire et primitif qui constitue l'égalité de droit absolu ou divin; égalité à laquelle chacun apporte son droit égal et particulier dans la constitution de la cité.

Quel texte de leurs lois organiques consacre, dans sa noble et re-

ligieuse sainteté, ce droit primitif à l'existence, à la conservation qu'apporte tout homme en venant au monde, et en fait législativement une obligation pour la société?

La Genèse adamitique, la plastique de Dieu, qu'on n'a voulu constater et voir qu'une seule fois et dans un seul homme, est une éphéméride de tous les instants, de toutes les secondes de la rotation du globe et de l'évolution de l'humanité. Il n'est pas de physiologiste qui ne sache cela aujourd'hui : et les législateurs devraient le savoir aussi. Genèse agissant depuis la conception embryonaire jusqu'à l'extinction de l'existence individuelle organisée. Travail immense et pourtant facile par la merveilleuse simplicité de ses ressorts et la coordination savante de ses parties. Travail où Dieu créateur et éducateur se continue tout entier pour l'homme, comme il se perpétue pour l'univers, selon les proportions relatives et les lois nécessaires de chacun.

C'est sur ce type d'existence et de providence que, gouvernement des choses du monde social, nos législateurs démocratiques auraient dû formuler une société nouvelle : l'ont-ils fait? C'est, d'après ces procédés dérobés habilement par le génie d'institution au génie et à la conduite de l'universel, qu'ils auraient pu, en ouvrant une main large et toute équation avec la nature, en laisser tomber et distribuer un droit égal de vivre et d'être à chaque homme, à qui ce droit, en fait, est dénié ou ajourné pour un si grand nombre depuis tant de siècles : l'ont-ils seulement entrevu ?

Qu'ont fait les hommes et coryphées de la République et de l'Empire, nés de la révolution française, pour assurer ce droit et ce fait d'égalité à tous?

Nous avons dit les hommes naissant égaux, au point de vue de l'absolu ou de l'acceptation qu'il fait d'eux.

Ainsi, l'utérus maternel, l'utérus cosmogonique, l'utérus social, pour les nommer ici de leur nom de fonction respective ensemble et de devoir préétabli vis-à-vis de l'individu, ces milieux vivants et sphériques, comme tout ce qui communique et contient la vie, ne diffèrent entre eux, quant à l'éducation de l'homme, que parce qu'ils se rattachent à des temps et des accroissements différents de la même existence, qui leur correspond, terme pour terme, par les constitutions primitives de son organisme physiologique.

Loi, si on la considère en elle-même, loi admirable de développement dans l'espace et dans le temps; loi toujours semblable, toujours proportionnelle à l'harmonieux antagonisme d'un triple organisme : homme et cosmos, cosmos et Dieu. Triple et sublime agent de création, nous montrant Dieu éducateur ou la loi mystérieuse de l'être, également présent à l'origine et au terme de la vie, comme également sur toute la ligne interne de notre développement et de notre conservation. Dieu comme une cubation sphérique dans ce qu'il serait et ce qu'il fait. Dieu dessus, Dieu dessous, en arrière et en avant de nous; Dieu en dedans, au centre et à la circonférence de toutes choses, Dieu présent partout. Dieu donnant et reprenant l'homme au monde, pour des plans et des fins que lui seul connaît : peut-être par voie d'émanation et d'émission de lui-même, mais, à coup sûr, au moins comme un des aspects de sa suprême unité.

Nous poursuivrons plus loin l'examen du vrai et du beau dans les profondeurs de leurs mystères. Nous parlons ici pour l'homme de découverte législative et de recueillement.

S'il y a un homme terrestre, selon l'ordre de réalisation dans le temps, homme que l'homme indigne par je ne sais quel esprit de sophisme et de vertige, voudrait s'efforcer d'avilir, de pousser vers le dogme d'une prétendue chute originelle, vers la théorie absurde et lâche de toutes les dégradations possibles à la fois : sans doute pour s'en rendre maître plus facilement; s'il y a, disons-nous, un homme terrestre selon l'ordre de réalisation, il y a aussi un homme céleste selon l'ordre de la conception ou le dogme de l'idée. Type primordial et préconçu, je ne m'informe point encore où ni comment, ni pourquoi, mais que je constate ici, soit que vous l'attribuiez à des forces inhérentes à certains éléments ou à une synthèse de création préexistante, il n'importe. Il y a un type de l'espèce et de notre personne, ailleurs que sur les deux supports individuels et sexuels, au moyen desquels l'espèce humaine continue d'être et se perpétue par voie de rapprochement. Et il faut bien qu'il en soit ainsi, puisque aucun des deux sexes ne le comporte en lui-même et n'en est chargé individuellement.

La première induction qu'on peut hardiment tirer de ce principe, c'est que ce type, cette idée, cette abstraction de l'être, je tiens peu au nom qu'on lui voudra donner, par la nature même de son origine ou du lieu où elle est contenue, libre de tout obstacle rencontré par la réalisation, doit offrir la plus grande perfection possible : nous ne disons pas seulement dans l'espèce de l'homme, mais encore dans toute espèce conçue et donnée.

La seconde induction morale qui en jaillit, c'est qu'à ce type primordial et préconçu il faut tout rapporter. Qu'il doit encore et nécessairement se trouver présent et fonctionner plus ou moins directement dans l'acte de la vie et surtout le parcours de son développement; l'univers ne serait pas un, l'homme et son espèce ne seraient pas une unité, *sui generis*, s'il en pouvait être autrement. Homme terrestre, homme mon frère et frère aussi de l'idée prototype et supérieure qui réalise notre espèce. Homme imparfait, comme nous le sommes tous en temps qu'individualisés et pour des causes secondes trop nombreuses pour être ici définies; homme faillible et incomplet, mais durant le passage dans la vie essayant incessamment de nous rapprocher plus ou moins des perfections abstraites, morales et complètes de notre céleste modèle : comme les sphères sidérales, irrégulières dans leur nature plastique, si on les examine de près, tendent visiblement de tous les points de leur existence vers la régularité de la sphère géométrique, prototype de leur idée et de sa réalisation dans l'espace et le temps. Homme appartenant de droit, en un mot, au travail des législations humaines de bonne volonté. Homme sérieux et grave forçant la loi à devenir une méditation.

C'est au nom de cette humanité terrestre, c'est avec ce type préétabli des choses, que, législateur religieux ou politique, tout homme d'État doit s'efforcer de lutter d'accords, d'harmonie, de redressement des imperfections du monde; car à quoi bon des législations d'hommes et en quoi obligeraient-elles, si elles n'étaient le rapport naturel et nécessaire entre la perfection du type humain pur et l'imperfection de sa réalisation actuelle? La lutte, ou, pour parler avec plus de dignité de l'essence de l'ordre et de la justice, l'équation avec la législation reposant au fond de l'absolu des choses, est ce que l'institution humaine peut offrir de plus parfait. Quels législateurs révolutionnaires, de nos jours, ont entrepris de la chercher, cette équation? Quels hommes constituants ont su placer leur devoir à cette hauteur où la science pratique de l'homme et le mouvement réformateur des idées conspiraient en 1789 et 1800 à porter la France? Merveilleuse époque de table rase et d'appel au génie législateur! un homme a manqué, avons-nous dit, au milieu de tant d'autres si grands! Un institut initiateur qui partît d'un décalogue humanitaire, d'une déclaration de devoirs et de droits sérieusement étudiés, et non moins sérieusement épanouis maintenant dans la législation organique et formulée du peuple à constituer.

Ainsi, avons-nous dit : gestation maternelle, gestation cosmogonique, gestation sociale ; loi de justice ensemble et d'égalité de traitement venant par en haut. Loi devant laquelle se proclame une autre loi non moins sainte et primordiale, dont l'action et les effets remontent à cette fois de bas en haut : la liberté de l'individu, l'antagonisme ou le conflit amical, telle que nous définirons cette loi dans un moment.

Comme dans le milieu maternel et le milieu cosmogonique, l'homme continue à grandir et se développer, il se développe également et s'accroît selon sa norme dans le milieu social. Et cela avec des droits d'autant mieux affirmés et écrits maintenant à la méridienne du monde, que l'incubation, du côté du nouvel organe incubateur approprié, est moins obtuse et plus raisonnée; que du côté du sujet incubé, c'est-à-dire de l'individu, la conscience est créée, ou du moins sensiblement développée. Qu'il y a action et réaction, droit et devoir mutuels. En d'autres termes, parce qu'il y a moralité de part et d'autre dans l'antagonisme réciproque, où primitivement il n'y avait que végétation, action et réaction sensitive et nutritive.

En effet, du côté de l'humanité ou du fait humain que nous envisageons sommairement : si, comparé aux précédents, le mode actuel d'éducation est changé pour le nouveau-né, le caractère n'en reste pas moins le même ; dans la gestation maternelle, c'est un antagonisme proportionnel et mesuré de l'embryon et de la vulve procréatrice et plastique ; dans l'utérus social, c'est liberté proprement dite ; devant Dieu, matrice universelle de toute création, c'est libre arbitre. Il n'y a, en tout cela, que les noms de changés, et les conditions de l'être grandies successivement. Partout l'antagonisme est pareil, mesuré, éducateur, plein d'équilibre et d'harmonie. La liberté prend ici un caractère de développement général et sacré ; la liberté devient l'accord complet et parfait des phénomènes entre eux.

Eh bien ! où en sommes-nous aujourd'hui vis-à-vis de toutes ces choses ? Qu'ont-ils formulé ?

De la Liberté, selon sa loi ?

De l'Égalité de droit absolu, selon sa loi?

Des Inégalités relatives, selon leur loi ?

De la Fraternité humaine ou sympathie sociale, selon sa loi?

De la Hiérarchie des membres de la société vis-à-vis de la fonction et production?

De la Propriété?

De la Répartition des produits de l'œuvre sociale entre membres de la même communauté, etc.?...

Nous continuerons d'emprunter nos aphorismes aux sciences naturelles, parce qu'ils éclairciront et fixeront d'autant mieux des formules politiques, que les uns sont intéressés à tenir dans les nuages, les autres à nier, avec une opiniâtreté de part et d'autre, choquante pour la raison et le bon droit.

Formule du droit général de propriété. — L'homme perpétuellement à l'état de création physiologique, d'incubation, de renouvellement, d'absorption et d'élimination dans sa forme et son centre de vitalité une fois donnés, il en résulte nécessairement que la terre est à tous les hommes avant que d'être à l'homme: un droit de propriété générale est inhérent à l'homme. La vie est une prise de possession du monde physique extérieur, comme du monde intuitif, moral et sentimental de la société native de l'homme, qu'effectivement nous n'avons faite ni l'une ni l'autre: quelle législation ont-ils instituée pour en laisser la part, une part égale à chacun?

La vie matérielle est partout compromise, jusque même dans la moyenne de sa durée proportionnelle.

En effet, il est démontré par tous les économistes qui se sont occupés de cette haute question, qu'une classe de la société vit comme soixante, et une classe, ici incomparablement la plus nombreuse, comme quarante. Qu'on en attribue la cause aux milieux délétères, aux privations répétées, aux fonctions destructives où cette classe, pour la satisfaction de besoins factices qui ne sont pas les siens, vit ensevelie, il n'importe. Il est évident, que dans cette constitution vicieuse de la société, ce déficit énorme d'un tiers de la vie du plus grand nombre profite à quelqu'un. Que le travail ainsi entendu, la fonction ainsi répartie, est mortelle à l'ensemble de la cité; que quelqu'un consomme et mange du pauvre travailleur dans l'acception odieuse et vraie du mot.

Fondement du droit de propriété particulière. — Encore bien qu'il soit rationnel et scientifique de croire que le règne végétal et le règne animal de tout temps se soient fait équilibre, et ne sauraient subsister l'un indépendamment de l'autre, le règne animal surtout; que l'élaboration des milieux oxygénés et carbonisés, nécessaires à l'entretien de l'un et de l'autre, appartient à leur conflit vital réciproque, il n'en faut pas moins se reporter à un point de vue plus élevé dans l'ordre des choses de la vie générale. Dans cet ordre de considérations, l'homme serait une fonction de l'univers. A ce titre, la terre ne serait pas seulement cosmogonique, en tant que *substratum* ou milieu préposé pour provoquer et attirer à lui la fonction ; elle serait encore sociale, instrument de travail et membre de société à ce nouveau point de vue et comme corollaire du premier principe de propriété ci-dessus posé. Il y aurait comme action et réaction entre les deux co-fonctionnaires, la terre et l'homme.

En effet la terre, si on la suppose à l'état de végétation indifférente et non solidaire, à l'état de neutralité vis-à-vis des espèces qu'elle a pour loi de substanter, la terre, disons-nous, en aucun temps n'aurait pu suffire aux besoins et développements de la famille humaine telle que nous la connaissons et l'avons aujourd'hui. Embarrassé de ce problème, on trouva plus expédient, dans la haute antiquité, de supposer l'apparition d'un seul et premier homme au milieu de l'univers, sans s'apercevoir que cette hypothèse créait une foule d'autres problèmes non moins insolubles que le premier. A ce titre, s'il y a une part des produits naturels qui appartient naturellement au sol, et par conséquent à tout le monde, il y a non moins incontestablement une autre part de revient, que nous nommerons artificielle, par opposition à l'autre, une part de produits qui appartient exclusivement à celui qui fertilise la terre par les sueurs de son travail; sans toutefois qu'il y ait dépossession, expropriation absolue du sol pour ceux qui en sont exclus actuellement, par le fait de positions acquises et de premier occupant, ou qui n'auraient point participé au travail, la terre, répétons-nous, étant à tous les hommes avant que d'être à l'homme.

Dans ce cas, les législateurs ont-ils formulé nettement quelle part revenait à la socialisation de l'instrument de travail ou par le travail de l'homme; et quelle part devait être faite aux forces nourricières et maternelles de la nature, au besoin imprescriptible et commun? Car aucun ne peut mourir d'inanition et de tyrannie à côté de ce qui appartient originairement à tous. Il y a un droit d'existence et d'usufruit général, qui doit nécessairement modifier à chaque instant le droit de premier occupant ou de détenteur actuel de la propriété : le droit d'impôt n'a pas même d'autre origine que ce droit supérieur.

Et nous n'avons besoin ici, que de faire entendre le mot effrayant et meurtrier de *paupérisme,* pour être dispensé d'exposer les plaies hideuses de la société actuelle, plaies correspondant directement à ce droit sacré de vivre inhérent à la condition d'homme.

Après ce droit incontestable acquis dans la création ou multiplication des produits de la terre par le travail, vient un autre droit de propriété, celui nécessité par l'éducation de la famille : droit fondamental plus moral, plus sacré peut-être encore que le premier, qui souvent peut n'être qu'égoïste et personnel, car il entre ici du dévouement et de l'accomplissement du devoir dans les éducateurs.

En vain s'efforcerait-on de nier même le droit de fixité dans la propriété, car, de combien de genres d'attaques n'est-elle pas aujourd'hui l'objet.

Par la durée même de l'éducation de l'homme nouveau-né, qui ne met pas moins de vingt années à se parfaire; par cette éducation que la loi de création ne peut avoir voulu abandonner aux chances d'une existence mobile, précaire et vague, tout l'organisme physiologique du père et de la mère venant ici en preuve du principe contraire; par cette éducation, qui commande et use les forces des deux procréateurs dans la durée d'excessifs labeurs, si l'on suppose une suite de naissances plus ou moins intermittentes que comporte une union naturellement assortie; par une foule de considérations découlant des précédentes, la propriété ou prise de possession du sol est comme forcée à la permanence, à la durée, à la réalisation d'attentes et d'espérances fixes par le code vivant de la famille : le grand but de tout présent, de toute activité humaine actuelle étant l'avenir, ce qui est une perpétuelle transition, un perpétuel sacrifice à ce qui sera. Tout ce qui rend la sociabilité native, primordiale, inhérente à la condition d'homme, fait et constitue également le droit de propriété dans une certaine mesure de permanence et de fixité, dont certainement on a beaucoup trop abusé, mais qui n'a pas moins ses fondements dans le droit naturel [1]. L'individu, dans les deux sexes, n'étant que le support actuel de l'espèce, de quelque chose qui se perpétue en nous et par nous, la terre, ce grand support de toutes les espèces, est elle-même comme astreinte à réfléchir ici quelque chose des mœurs de l'homme qui la féconde, à souffrir, à organiser une tutelle vis-à-vis de la minorité de l'enfance, à con-

[1] Voir *Du dogme physiologique de l'autorité sociale*, tome Ier, *De la Famille*, ouvrage qui incessamment sera mis sous presse.

sacrer pour ainsi dire un acte de protection maternelle vis-à-vis de la faiblesse, qui s'essaie et s'élève aux rudiments du devoir et du travail sous la direction paternelle, et que l'espèce entière des hommes doit elle-même respecter.

La Propriété est forcée encore à une sorte de permanence, mais ici relativement secondaire au droit de la précédente, quand l'avenir de la famille est devenu le passé pour les éducateurs. Quand l'homme, dans la vieillesse, fatale comme l'enfance et la jeunesse, a maintenant résigné le monde à sa descendance : avec cette condition morale, et implicite pourtant, qu'on ne saurait ne pas se souvenir de ceux qui se sont dévoués à l'œuvre commune ; la chaîne du devoir et des moralités humaines ne voulant pas plus être interrompue que la suite des attentes du droit de conservation, de développement et de propriété, d'autant qu'en fait d'expérience la vie accomplie est toujours plus experte que la vie du tâtonnement et des passions, et que l'existence de l'homme n'est une qu'au moyen du cercle entier parcouru.

Formule de la fonction ou de la hiérarchie productrice. — L'homme est une fonction de l'univers, avons-nous dit : de là, comme conséquence, quelque chose qu'il prend et quelque chose qu'il donne et rend en retour. La vie humaine a son double courant comme toute existence organique, comme tout ce qui emprunte son mode d'être d'un support supérieur et donné primordialement. Il serait étrange, en effet, que l'animal pût être en cela inférieur à la plante, qui, en enlevant des sucs à la terre, lui en restitue d'autres en échange, élaborés par elle. Si l'homme absorbe ou s'assimile, il produit, il tranforme aussi ; il crée, en retour, plus qu'aucune autre espèce : tant dans l'ordre des matières brutes ou inorganiques que dans l'ordre des milieux organiques et sociaux.

L'homme étant donc un transformateur des milieux variés qui l'environnent, arrivent bientôt, et par là même, les inégalités ou variétés de la fonction, comme aussi des produits ou résultats de la transformation par chacune des individualités transformatrices, la hiérarchie, par conséquent, des forces et des individus dans l'ensemble de la machine et le jeu de la fonction générale.

Nos législateurs se sont-ils jamais occupés de cette hiérarchie générale et particulière qui font l'ordre et la grandeur morale de la cité ?

Souveraineté. — Dans un ordre plus pressant et plus général encore que le précédent, qu'ont-ils fait de la souveraineté du peuple ?

souveraineté qui tient à la propriété de soi-même, à la puissance ou la loi du libre arbitre, à la volonté, à la liberté des actes, ce droit méritoire des nations comme des individus, mais qui n'est pas tout; car l'autorité de l'être, la sanction morale des actes humains n'a jamais été d'une manière absolue dans la moitié plus un des corps délibérants, dernière expression, dernier terme de réduction possible de la souveraineté du peuple; triste expédient des nations qui manquent de dogme social et de décalogue pratique des devoirs et des droits de tous. Qu'ont-ils fait de la souveraineté du but, cette législation invariable à laquelle doivent se rapporter et comparer, en définitive, les actes variables et souvent faillibles de la souveraineté du peuple, pour y être jugés et appréciés à leur valeur véritable? Je cherche en vain quelques rudiments de cette science des sanctions de l'autorité; je n'en rencontre aucun, comme s'ils n'eussent été rien moins qu'aptes à en comprendre toute l'importance et la portée.

VI.

CONTINUATION DU MÊME SUJET.

1. Problème à résoudre dans les termes de l'Égalité.

Dans un vol moins élevé de la pensée, et en closant ici les emprunts que nous avions annoncés et nous sommes fait à nous-mêmes, les mêmes vérités que nous venons d'établir se retrouvent et peuvent se vérifier.

Il y a deux faits d'égalité,

Comme deux faits de liberté,

Comme aussi deux faits de fraternité.

Nous y reviendrons ici pour plus d'éclaircissement ; pour qu'on ne confonde pas nos théories avec celles des niveleurs de tous les temps, qui n'ont jamais compris du fait d'égalité que le couperet sanglant qui la tue. Pour qu'on puisse se convaincre encore à l'endroit de la liberté, qu'il n'y a guère de commun dans notre système que les mots, avec la vacuité des définitions sonores et creuses du lafayettisme de 89. Pour qu'on se convainque encore que notre formule démocratique française, de droit positif, Liberté, Égalité, Franernité, n'a tout au plus qu'un rapport indirect, qu'une simple analogie de mots, avec la formule purement métaphorique et sentimentale chrétienne, à laquelle elle donne une valeur d'origine et d'application toute différente.

Il y a deux faits d'égalité dans la personne de l'homme, disions-nous : l'un supérieur, invariable ; l'autre inférieur, variable et subordonné.

I. Le grand fait supérieur ou d'égalité de droit cosmogénique ou absolu, celui que nous annoncions n'être susceptible de plus ni de moins, quant à l'essencee de la vie, ou ce qui fait que l'homme est en puissance d'exister vis-à-vis du phénomène universel. Fait ou droit égal et pareil quant aux besoins de vivre, de continuer d'être, de fonctionner dans le sens du développement et de la conservation (abstraction faite ici de toutes quantités en rapport avec les nécessités d'assimilation et d'absorption de chaque individu); car on respire, le sang circule et veut être réparé; on vit, on fonctionne, on est homme aux mêmes conditions physiologiques qu'un autre homme, ou, privé d'organes, on n'a point vie, on n'est rien :... droit primordial, imprescriptible, fatalement acquis et supérieur; primant et emportant avec soi toutes les différences d'ordre inférieur et relatif d'homme à homme; différences que la théorie de l'individualisme s'efforce continuellement de faire prévaloir, de substituer à ce mode absolu de toute existence humaine dans le traitement et l'acceptation de l'individu.

II. Enfin il y a le fait d'égalité, ou plutôt d'inégalité relative : celle-ci variable, flottante, différente de membre à membre, autre de produit à produit, de besoin à besoin, d'absorption à absorption comparative d'individu à individu; fait dont il faut bien aussi tenir compte, sous peine de nier tout un autre côté de l'homme.

En effet, il n'y a pas de définition de l'égalité nivelante, pour si subtile que vous la supposiez, qui puisse escamoter les inégalités relatives d'homme à homme, et, avec elles, la satisfaction commandée par la nature même des besoins relatifs, multiples et variés que ces inégalités emportent comme conséquences de leur existence; pas plus qu'en physiologie on ne ferait disparaître la variété des tempéraments, qui constitue en chacun les aptitudes de vivre. Il en est de même des différences relatives de produits à produits, de créations à créations fournies par un homme et un autre homme sur un thème commun donné à tous deux : produits toujours mesurables, toujours proportionnels aux capacités ou aptitudes qui constituent ces mêmes hommes.

Il y a plus : c'est que, sans cette entente pratique et puissamment raisonnée des inégalités relatives, il n'y a plus de société nécessaire. Plus de société inhérente aux destinations physiologiques et toute d'espèce de l'homme, plus d'humanité possible. Plus de fait de sentiment, de sympathie, de mutuelle pénétration, de complément de nos forces et de nos aptitudes individuelles, toujours limitées. Plus de recherche au dehors de nous, plus de moralité absolue dans nos actes, de type supérieur où rapporter les faits de conscience: comme il est évident qu'il n'y aurait pas physiologiquement de famille où il n'y aurait pas de mineurs et d'éducation à faire. La société vit et se constitue tout entière de ces inégalités. Est toute montée sur ces différences. Elles sont la fraternité pratique, le côté par où perce et se manifeste la sentimentalité humaine. Elles sont les éléments de la fonction, l'association donnée par la nature pour tous les buts déterminés, la hiérarchie humaine en action. La société, l'espèce n'est une personne abstraite et collective, un foyer de rapports, un moteur de direction pour tous, que parce que les individualités sont des parties aliquotes de son unité. Si l'homme était l'humanité complète en soi, et il le serait s'il pouvait être relativement l'égal de tous et de chacun, il est certain qu'il n'aurait rien à demander ni rien à donner à son prochain; que, s'il pouvait seul conjurer l'énergie des milieux où il est appelé à vivre et fonctionner, il balancerait à lui seul tout son globe. Mais l'homme-individu, l'homme élémentaire n'est pas plus toute la société civile ou politique, qu'il n'est toute l'espèce, toute la sexualité comme chair, tous les moyens propagateurs et conservateurs de l'être comme idée.

C'est entre ces deux termes extrêmes, relevant de l'essence et des destinations de l'homme, que la société se place pour légiférer et réglementer les deux modes d'être de l'espèce humaine, et parvenir, sans réduction des droits de chacun, à en faire tourner l'activité au bénéfice des mutualités et solidarités de la famille commune.

III. De là naissant pour elle et pour l'homme-individu un troisième mode d'égalité : l'Égalité dite d'acceptation, celle que, dans nos législations modernes, nous appelons égalité devant la loi. Égalité qui, si elle en restait dans ces termes d'une première conquête sur d'anciennes tyrannies de castes, serait fort incomplète en soi, car elle n'est ici que l'égalité civile, et non l'égalité sociale : choses fort différentes l'une de l'autre et qui ont leur monde constitué à part, si l'on veut bien se rappeler les distinctions que nous avons fait ressortir entre l'association et la société, le génie d'institution et celui d'organisation.

En effet, cette loi d'égalité passive, de nos jours, en faisant ressortir de son tribunal et le riche et le pauvre, et le faible et le puissant, sans acception ni distinction de personnes et de rang, les traite bien également, si vous voulez, c'est-à-dire qu'elle maintiendra la liberté d'être de chacun; mais elle ne fait point d'égaux, selon le mode absolu que nous avons défini. Elle règle bien des personnes et des choses les différends, mais non pas les différences.

Cette constitution de cité est bien moins, au fond, un pacte d'égalité qu'un pacte de liberté.

L'égalité passive, ou l'égalité devant la loi, est un terme de rapport et de conciliation entre des antagonismes et des hostilités; mais elle ne fait rien pour les empêcher de naître. Elle se sent encore des mauvais instincts de son origine, ou, pour mieux dire, de son éducation, où, tout en nivelant le sol français, chacun n'en cherchait pas moins à s'élever au-dessus des autres. Elle est toute coordonnée sur un principe de répression, parce qu'elle n'a trait qu'au côté de la nature le l'homme le plus enclin à l'abus, la liberté. L'égalité active, l'égalité sociale, seule capable de mettre de justes bornes aux envahissements excentriques de la liberté individuelle, seule capable de développer le germe latent de la fraternité sociale, n'a encore reçu d'existence d'aucun de nos codes européens.

I. **Problème à résoudre dans les termes de l'égalité.** — Et remarquez bien que les termes du problème à résoudre voulaient, en 1789, que le fait des inégalités relatives existantes pour chacun, fût traité par le principe d'égalité de droit cosmogonique ou absolu: c'est-à-dire que chaque homme pût être différent de chaque autre, sans cesser jamais d'être son égal; ce qui semble contradictoire à première vue, mais ne l'est aucunement au fond.

Si la société n'admettait que des individus, n'était elle-même qu'une collection fortuite d'individualités, elle ne serait tenue que d'*accepter :* son rôle serait purement passif, ainsi que le veulent ceux qui n'ont pas la moindre notion de la science physiologique de l'homme. Mais la société étant active, subsistante de sa nature, collective comme milieu, permanente comme personne vivante à l'égard de tout ce qui naît et prend commencement dans son sein, morale pour tous ceux qui ont entamé le savoir social par l'étude de l'œuf générateur et l'évolution de l'espèce; la société, disons-nous, est encore obligée à la répartition de ses puissances de création et de développement distributif par voie d'activité. A exercer une fonction supérieure à tout élément d'individualisme. Il faut qu'elle traite l'homme-individu par la loi d'espèce, comme dans l'acte de conception il est traité par le père et la mère, c'est-à-dire par le concours de tous, ceux-ci remplaçant actuellement la fonction de ceux-là.

Les conditions du problème veulent que la société trouve une échelle de comparaison quelconque, qui donne pour chacun, et nous mette en position d'apprécier par nous-mêmes ces différences relatives de capacité à capacité qui nous sont particulières; un terme comparateur infaillible, disons-nous, qui relève bien moins encore de nous tous, société qui pouvons nous tromper, par des causes nombreuses, dans l'estimation d'un fait de nature individuelle, mais qui ressorte avant tout de l'individu donnant ce fait, et de sa capacité propre actuellement manifestée : car, les premiers de tous, nous devons être convaincus dans les objets de comparaison qui servent à mesurer et définir nos forces.

La société, en vertu de son principe d'égalité d'acceptation, ne peut avoir que son échelle comparative, comportant un tarif impassible où la hausse et la baisse ne puissent s'opérer que par application de l'individu même à ce thermomètre centigrade des capacités humaines: exactement comme serait une toise de recrutement dans les mains d'un conseil militaire, enrôlant et classant la recrue dans une arme différente, selon sa taille et ses puissances physiques particulières, de manière que l'individu ne puisse se plaindre et ne s'en prenne qu'à lui-même, si la machine égalitaire n'a pas monté de plus de degrés hiérarchiques que ceux qu'il comporte en lui-même.

Nous dirons ici de la hiérarchie ou du classement de l'homme dans la société, ce que nous disons de la hiérarchie dans l'ordre de la nature: il n'a point, en général, à se plaindre du traitement de la nature par la loi d'égalité absolue; car il est vraisemblable que si quelque supériorité de développement, comparativement à une capacité développée de même sorte dans un autre individu, lui est refusée à cet endroit, telle autre supériorité étrangère à cette individualité-là lui a été accordée d'un autre côté : tant est large la sphère qui égalise les individus et compense leurs avantages respectifs.

L'égalité devant la loi de nos jours traite évidemment l'homme par la *profession* et non par la *fonction*. Elle continue d'individualiser les actes du citoyen, au lieu de socialiser sa personne. Elle rappelle à tout venant, qu'il est fils et partie de je ne sais quelle convention de contrat exprès ou tacite qui n'exista jamais.

La société, pour cette législation, n'est qu'une agrégation de professions ou de directions arbitrairement individuelles : le monde organique, tel qu'il est fait, la loi de création et de sanction, telle qu'elle donne l'homme et lie ses destinées à tout, lui est restée comme étrangère. L'autorité de l'être humain, puisée dans les phénomènes et les destinations de son existence, est un livre fermé pour elle.

De là, en partant directement de l'absolu, dans l'acceptation sociale, Égalité : égalité, non pas seulement de protection, mais de répartition; traitement égal pour tous au prorata des besoins de chacun, dans la foi sincère et profonde, qu'à défaut d'une mise égale et pareille, il y a droit égal et pareil.

De là l'égalité *active*, c'est-à-dire celle qui invite et autorise l'homme à fonctionner dans le sein de la société et sous sa surveillance, tant à son profit personnel qu'à celui de la cité, selon la développée de ses forces et de ses moyens : ne posant de limites autres à ce droit d'émulation et d'antagonisme fonctionnel, que celles même des moyens propres ou particuliers à l'individu; de bornes au développement humain, que celles des capacités hiérarchisées sur la preuve et l'exhibition du mérite de la production particulière à chacun. De là, en général, dans une cité bien ordonnée, la fonction qui est de tous et au profit de tous, devant prévaloir sur la profession, qui est de chacun, particulière à l'individu, souvent même frappée du caractère de pure fantaisie, d'inutilité, quelquefois même d'hostilité à la nature phénoménale des choses.

Bien qu'entrevu par eux dans la pratique des hommes et des choses, ils n'ont rien fait pour le principe de sociabilité native de l'homme, susceptible d'une si riche interprétation, seul côté vrai de notre nature et qui comprend en soi tous les autres principes.

Une chose dont il est bon de se pénétrer, c'est qu'au point de vue de l'essence sociale, ou ce qui constitue la société, la fraternité, la sympathie, le dévouement, le sacrifice, la subordination de l'individu vis-à-vis de tout ce qui relève de l'autorité de l'unité-homme, tous ces aspects divers et hiérarchisés du *Devoir*, ne sont pas moins inhérents à la nature de l'homme, que ne le sont la liberté, la sûreté, la résistance à l'oppression, la recherche du bonheur, tous ces aspects autres d'une même existence, également distribués et hiérarchisés, par ordre d'importance et d'activité, dans l'organisation physiologique humaine; et constituant, à leur tour, les termes distincts et particuliers de la série du *Droit*. Droit et série de termes, dont nos légistes de 89 s'occupèrent exclusivement, tant bien que mal, en l'absence des termes antagonistes. Toutes ces moralités et puissances de l'homme et de la société, veulent donc être aujourd'hui reprises en sous-œuvre et organisées chacune selon sa nature. C'est de leur réunion, de leur mutuelle réaction, du jeu réciproque de toutes ces institutions dans la cité moderne, que doit sortir le salut public et la possibilité prochaine de combler les nombreuses lacunes qu'offre encore la civilisation actuelle.

De là, si nous résumons quelques-uns des principes précédemment exposés, de là l'obligation législative de formuler la Fraternité sous deux aspects, telle qu'elle s'offre dans la nature des rapports, et la science mieux faite de l'homme : la fraternité consanguine ou familiale, et la fraternité sociale. Celle-ci à tous ses degrés d'idéalisme et de grandeur typique, c'est-à-dire d'homme à homme, d'homme à société, de grande famille à grande famille. S'élevant par la mutuelle solidarité de fonction à fonction individuelle, par la réversibilité de mérite à mérite particulier, à la fonction humanitaire et remontant jusqu'à Dieu comme dernière demeure de la plus haute paternité. De là l'obligation de formuler également de nouveau la liberté. La Liberté, si l'on récapitule ses erreurs, la liberté, quant aux priviléges de l'individualité en présence des droits de la collectivité, est allée beaucoup trop loin ; elle est devenue, pour ainsi dire, un monopole éhonté de l'individu sur la société. L'Égalité, de son côté, n'a eu que la moitié de ses satisfactions naturelles : la Fraternité, elle, n'a rien obtenu ; le rôle actif et voulu de l'égalité comme de la fraternité sont encore à trouver et paraître dans nos législations modernes, même les plus avancées. Celle de 1793 se montra incapable de le créer, le gouvernement de cette époque mourut à la peine : la bonne volonté ne suffit pas toujours.

La Souveraineté du but, autrement dit l'autorité de l'être, autre foyer de toute lumière politique, sanction de tous les droits, matrice de tous les devoirs moraux et sociaux, n'a jamais non plus été nettement définie et formulée. L'Unité nationale enfin, cette unité même, tant vantée de nos jours, s'est formée en France avec bonheur : mais matériellement. Mais en l'absence de ses plus dignes et ses plus puissants éléments, desquels la connaissance et la présence dans nos législations importaient tant à l'établissement définitif et pacifique de la démocratie.

Après la déclaration de celles de premier ordre, des formules de second ordre étaient à trouver : a-t-on paré à ce besoin ?

L'égalité a sa formule *individuelle,* sa formule *sociale*, sa formule *cosmologique* tout ensemble ; il importait de s'entendre sur ces différences dans l'application d'un même principe.

Il est constant pour nous que l'égalité humaine se présente, dans le monde, sous trois aspects différents : 1° les *inégalités relatives* d'individu à individu (c'est sa formule individuelle), qui font qu'en enregistrant et cotant chacun selon sa mise de capacités particulières, vous consacrez moins encore ce fait d'inégalités relatives, que la justice d'égalité d'acceptation. 2° L'égalité de droit cosmogonique ou absolu (c'est sa formule cosmologique). 3° Enfin, l'égalité d'acceptation des valeurs de chaque homme par la société tout entière (c'est sa formule sociale). Trois manifestations, trois formes distinctes dont se compose l'unité de l'égalité. Unité découlant de l'unité close et individuelle de l'homme. Unité devant avoir, dans la cité, sous la raison de sa triple manifestation, chacune sa formule séparée, chacune les traits particuliers de son droit écrit.

Inégalités relatives. — L'homme ne serait pas une inégalité relative par rapport à un autre homme, si tous deux n'étaient une fonction de l'univers. S'ils n'étaient partie élémentaire d'un élément ou d'une collection de parties. Parties, sinon différentes d'essence, au moins dissemblables et tendant, chacune par son côté d'aptitude prédominante ou actuellement développée, à réaliser l'existence et compléter la fonction générale sociale qui affecte tous les hommes.

Égalité de droit cosmogonique et absolu. — Un homme ne serait plus l'égal d'un autre homme, ne serait même pas, au point de vue de la possibilité physiologique d'être, s'il était privé de cette faculté organique, nécessaire et appropriée, qui constitue le fond de la vitalité humaine. Pas plus qu'un cercle ne serait un cercle vis-à-vis d'un autre, au rayon plus ou moins étendu que le sien, s'il n'était pourvu d'un centre, d'une circonférence, de rayons tout comme lui.

Égalité d'acceptation. — Un homme cesserait d'être l'égal d'un autre homme, si dans la mesure des attributions de fonctions et avantages de la cité, la société pouvait admettre des différences qui ne proviendraient pas de l'essence et des différences constitutives de l'individualité humaine; chacun devant être, en droit civil et politique, la mesure et la limite naturelle de ces différences.

Ont-ils formulé les inégalités relatives selon leur loi de différence, c'est-à-dire selon la hiérarchie ? Jamais y a-t-il eu rien de fixe et de défini à cet égard dans nos législations informes, et seulement favorables aux priviléges et aux positions acquises ? Avons-nous un ordre de classement déterminé, graduel, de fonctions et de rapports sociaux, où l'homme libre, capable et développé suivant un mode égalitaire, puisse ascensionner et prendre place selon ses capacités et ses œuvres personnelles ?

Résumons en un seul aperçu les deux chapitres politiques et physiologiques précédents.

Il découle de tout ce que dessus, que la vie de nutrition n'est pas moins de droit imprescriptible et inhérent à la constitution de l'homme, que la vie respiratoire. La terre, le sol en cela moins obligé que les milieux ambiants. La société, en possession de la vie intellectuelle et de sentiment, moins obligée de son côté, vis-à-vis de l'individu, que le bienfait des jours et des nuits, l'air respirable et commun à tous, le fleuve ou l'humble ruisseau roulant ses eaux pour tout le monde.... Mus par ces pensées, ont-ils rapporté à l'homme cosmique ce qui lui appartient ; à l'homme social ou socialisant son globe, ce qui lui est dû ?

Ces grands et généreux éléments de sociabilité humaine par lesquels toute vie a commencé et toute vie doit être constituée, ont-ils été de force à les développer ? à les fixer par voie d'organisation au sein d'une société nouvelle, toute gonflée de foi préparatoire et de sublimes espérances, que dis-je ? de puissance même à les comprendre ? à les interpréter autrement que par un fayettisme creux et sonore, stupidement répété depuis un demi-siècle par des voix d'ignorance et de fascination hébétée, tant était grande alors l'attente des peuples demandant à ses chefs avoués le complément et l'explication de l'oracle révolutionnaire.

S'il fallait accuser en regard de chacune de ces formules sociales vraies de toute vérité, une foule de vices législatifs correspondants, une multitude de travers jusqu'ici indéracinables de la société actuelle, afin de montrer l'urgence d'un décalogue social nouveau, on n'en terminerait pas.

Qui ne comprend aujourd'hui que, par la voix de chacun de ses membres, l'humanité, la société européenne surtout, en est arrivée à cette phase générale de son existence et de sa civilisation, de crier : Je veux ma part de soleil, ma part d'air, de lumière et d'ombre ; ma part d'usufruit et de propriété autre que les six pieds de terre dont mon corps caduc prend possession et se recouvre en tombant ; ma place au banquet de la vie, ma place à la table du commun nourricier..... et du commun moraliste !

Car, hommes de justice et de législation ! il faut bien que les *vingt* en déficit des *soixante*, que ce tiers de souffle et d'âme (*anima*) qui manque dans l'existence du pauvre, et qui doivent l'élever à la plénitude et la condition du riche, se retrouve quelque part.

On a jeté en avant, et insisté seulement sur le mot Liberté ; liberté *quand même*, liberté toujours : mot le plus dissolvant de toute société, le plus exclusif de toute autorité collective possible, s'il est une fois privé de ses correctifs obligés, égalité, fraternité, solidarité. Partis d'une œuvre de subversion nécessaire à accomplir à l'égard de l'ancien dogme politique, ils ont continué de prendre le mot négatif pour drapeau, la subversion pour but, l'anarchie pour dogme social : singuliers architectes, lorsqu'une fois le temps d'ériger un édifice nouveau est survenu !

VII.

DE LA FORMATION ORGANIQUE DES INSTITUTIONS,

OU

PASSAGE DE L'INSTITUTION A L'ÉTAT D'ORGANISATION.

Nous n'aurions rien fait en livrant au lecteur des définitions exactes de mots abstraits, où la pensée peut s'appuyer en toute confiance, si nous n'en venions encore à déterminer les moyens d'application dans la vie civile et pratique des hommes.

Passage de l'institution à l'état d'organisation. — Faut-il fournir un exemple d'institution formée au moyen de quelque élément moral et primordial de la société, et sortant décidément du champ des abstractions théoriques ? Faut-il montrer comment un élément, pris dans le vif des idéalités humaines et de la conscience, peut arriver à fonctionner et s'établir au milieu des autres rapports de la Cité, à s'enclore dans la limite et les mesures propres à l'Organisation : voyez l'organisation de la justice, qui est aussi une institution des plus graves et des plus saintes, si l'on descend au fond du sanctuaire de toutes les consciences pour en recueillir les précieux et moraux éléments. La Justice, au moyen de ses magistrats, de ses prétoires, de ses codes; avec ses peines, ses rémunérations, ses redressements de torts de toute espèce ; la justice, ce génie de l'ordre et de la probité distributive, est bien parvenue, elle, à organiser la société en ce qui lui est particulier. A développer les rapports du droit de chacun à chacun, à constituer dans les mœurs de la cité, les similitudes morales et physiques d'homme à homme, qui ne font qu'un seul être de tous les hommes, et sont aussi des bases et des notions abstraites d'institution, s'il en fut jamais. Pourquoi n'en serait-il pas de même de l'Égalité, de la Fraternité, dont l'action sentimentale n'est pas moins sainte, moins productrice de morale que celle de la Justice?

Mais, peut-on objecter, la législation justicière d'ordre actuel est toute de principe négatif ; elle n'a que l'individu pour point de départ et pour point d'arrivée. La justice repose tout entière sur cet axiome de morale et de bonté négative :

Ne pas faire à autrui ce que nous ne voudrions pas qui nous fût fait.

S'abstenir est tout le fonds du droit actuel, tandis que le principe d'égalité, la fraternité surtout, telle que nous nous plaisons à la représenter, ne saurait-on manquer de nous objecter, s'offre sous un tout autre aspect que le droit précédent.

Mais, qu'on y prenne garde, dirons-nous à notre tour : la Justice elle-même, telle que nous l'exerçons de nos jours, n'est pas toute la justice ou tout l'esprit de justice qu'il soit possible de concevoir et d'administrer aux hommes pour l'accroissement de leur bonheur et de leur dignité.

Aussi la notion de justice distributive, pour être complète, a-t-elle besoin aujourd'hui plus que jamais, de négative qu'elle est, d'en arriver à se faire affirmative ; car c'est ce qu'on est autorisé à dire de cette différence entrevue entre l'établissement de la justice actuelle et l'installation de la fraternité telle que nous la demandons.

La justice doit passer elle-même à l'état affirmatif, disons-nous, si l'on veut que le principe de la souveraineté du peuple, d'où tout découle de source maintenant, ne soit pas un non-sens dans la législation de la cité moderne.

C'est une législation toute d'affirmation qu'il nous faut, la législation du Devoir, pour la nommer par son nom d'activité et d'efficacité, où l'on n'admettait primitivement que celle du Droit : et celle-là est d'une bien plus haute moralité que non pas la législation du droit ; sa maxime est :

Fais à autrui ce que tu voudrais qui te fût fait.

Fais-le même, fais-le toujours, dût-il ne t'en rien revenir dans le temps présent : l'avenir de l'humanité, que tu aides à se créer et se développer, t'en tiendra compte, car tu apportes et scelles une pierre de plus à l'édifice de tous.

Je m'expliquerai encore ici par le principe physiologique.

Que fait l'homme quand il vient au monde ? Il s'affirme selon les lois de la vie. C'est parce que la vulve maternelle ne peut plus le contenir et l'alimenter par harmonieux antagonisme, qu'il oblige celle-ci à se séparer de son précieux fardeau embryonaire. Il s'affirme vis-à-vis de tous les milieux où il est appelé à se développer, fonctionner et réagir : milieux qui ne l'acceptent pas seulement d'une manière passive, comme nos législations humaines incomplètes, mais encore qui se préparent et agissent de leur côté; qui l'aident à se faire et rester ce qu'un jour il devra être par essence et par destination pour lui-même et pour les autres. Dans l'ordre physique, la mamelle maternelle se remplit de lait à sa venue; dans l'ordre moral, la mère se met en devoir d'éducation, le père en devoir de protection vis-à-vis du nourrisson et de la nourrice : la vie se développe et s'étend sous toutes sortes de formes et de moralités, même chez les adultes éducateurs, à l'occasion du nouveau-né.

Eh bien! dans l'ère civilisatrice nouvelle, la justice distributive, autrement dit l'égalité d'acceptation et de réception de l'homme par la société, est appelée, dans la mesure de ses attributions, à remplir ce rôle éminent en conformité avec celui de la nature des choses de l'espèce humaine. Juger, toute grave que soit cette fonction, n'est qu'une tâche secondaire, qu'une attribution, nous l'avons dit, jusqu'ici purement négative. Une justice qui ne rend pas à chacun ce qui lui est dû sous un certain point de vue fort important, qui n'active pas, à chaque instant, la rentrée de chacun dans son droit natif, par le devoir correspondant de tous, ainsi que cet élément de grandeur et de conservation sociale devrait naturellement le faire, cette justice-là ne fait pas tout ce qu'elle peut, ne fait pas tout ce qu'elle doit. De nos jours, la justice connaît seulement des faits de contrat, elle ne peut rien en l'état où elle se trouve, pour les faits de société ou sociabilité proprement dite. Premier rudiment de la loi religieuse, il lui manque la sanction et l'autorité de censure, un des plus beaux priviléges de la justice distributive. Réduite à l'égalité d'acceptation, la justice a été organisée du point de vue d'une formule négative : la justice d'affirmation, la législation du devoir est encore pendante et à instituer au milieu des hommes.

Le principe de certitude nouveau, en se faisant social, et non plus seulement individuel, le Droit Français commandera impérieusement, textuellement cette législation :

Pourquoi n'avoir pas fait ce bien qui de principe était en vous?...

Comme on dit aujourd'hui des délinquants : Repris de justice, il faudra de toute nécessité en arriver à pouvoir dire : Repris de fraternité, repris d'égalité... selon la justice et la religion du testament français : et c'est en ceci que le progrès humain est facile à constater.

Communisme est le lien qui unit les deux caractères du droit et du devoir; qui prononce et nomme le rapport, en tant qu'organisation entre ces deux législations, entre ces deux institutions négative et affirmative : rapports que n'a jamais su comprendre ou voulu établir le Christianisme, resté fort inférieur à ce que peut devenir la communion nouvelle, dont nous ferons toucher la valeur et les bienfaits du doigt en son lieu et dans une œuvre spéciale.

Le communisme, dont le nom est trouvé parce que le rapport moral a déjà brillé aux yeux de l'humanité, est fait pour aller loin. Comme le christianisme avait été pressenti et nommé plusieurs siècles avant son avénement et qu'il prît la conduite du monde, le communisme, une fois développé, développé, disons-nous, dans les proportions d'action et de mutuelle réaction que la nature de l'homme-individu et l'homme-société comportent, ne se perdra pas plus à l'avenir que l'égalité et la fraternité, travaillant particulièrement, depuis tantôt deux mille ans, à s'étendre et se développer au sein de la société chrétienne : société qui n'a pu faire la science de ces deux mots souverains, grâce à l'ignorance de ses docteurs particuliers et à la grossière fausseté de son dogme religieux initial, encore bien qu'ils en eussent sinon découvert au moins nommé la loi [1].

Action réciproque des termes Organisation et Institution, Association et Société. — Les organisations et combinaisons des forces sociales, conçues selon l'esprit d'association, sont, comme toutes les choses tenant du concert ou de l'intérêt purement individuel, avons-nous dit, d'ordre secondaire, comparativement aux institutions fondées sur l'esprit de société. Comme également le génie de ceux qui les conçoivent et les exécutent, sont au second degré de la puissance et des grandeurs humaines : l'association, se tenant plus à la surface et à la partie mobile des choses du monde, les mystères de la sociabilité native humaine, plus aux profondeurs physiologiques de l'être et des éléments vrais et permanents de la société.

Dans une tête forte et complète, ces deux choses sont inséparables ; car il faut bien qu'une institution, pour achever d'être et fonctionner dans le sein de la société, pour sortir de l'état vague et dou-

[1] Voir *Du dogme physiologique de l'autorité sociale*, tome II. Et *De la législation des mondes*, livre III des institutions.

teux de simples habitudes ou mœurs individuelles, arrive et passe à l'état d'organisation ; état sans lequel toutes choses s'effacent, se dissipent dans la société ou rentrent bientôt dans leur capsule ou forme individuelle, comme un produit exceptionnel, pour n'en sortir souvent de longtemps et se manifester au grand jour des mœurs sociales et collectives. L'Organisation est la barrière en même temps que la garantie des choses créées par l'Institution. Comme à son tour l'institution est le gage de durée de l'organisation, parce que la première tire cette seconde du champ de pure matière ou de la seule satisfaction d'appétits égoïstes et d'intérêts personnels, souvent immoraux.

Le même service, en retour et en sens inverse, est rendu à la dernière de ces forces sociales. L'Organisation peut seule, en effet, marquer la valeur philosophique d'une institution ou infirmer pour jamais sa trop grande subtilité métaphysique ; car si celle-là (l'organisation) a pour écueil la brutalité des combinaisons d'intérêts égoïstes et matériels, celle-ci (l'institution) a, de son côté, la ténuité de quintessences sentimentales et l'idéalité pour pierres d'achoppement. C'est alors qu'il importe de recourir aux effets toujours appréciables de l'organisation, pour s'assurer qu'on ne s'est pas trompé en matière d'institution. C'est le point, où les plus hautes généralités de l'être humain collectif et les profondes particularités de notre nature d'individus, peuvent arriver à se toucher, et se confondre en une puissante unité. Épreuve unique et décisive, où il est permis et possible, alors seulement, de se convaincre si la Liberté, l'Égalité, la Fraternité, le Communisme, comme tous les autres mots d'un formulaire politique, sont véritablement susceptibles d'être humainement et politiquement organisés, ou ne seraient que de vains mots, que des subtilités d'espérance, où s'endort la sagesse des peuples, pour se réveiller dans les tempêtes.

L'Organisation, nous le répétons, est la véritable pierre de touche de l'Institution ; elle la tire du champ de l'abstraction, ou, pour parler plus exactement, de l'intuition qui la récèle, et où elle vit en nous à l'état vague et latent de sentimentalité, de généralité indéfinie. Elle l'en sort, pour la produire au grand jour des formes et de la compréhension visible et définie des choses. Elle l'individualise, la personnifie, lui fait prendre corps, en fait une science pratique. Ainsi qu'il est arrivé plus d'une fois à des agrégats fortuits d'hommes de se faire nation, de passer de l'état de simple et facultative association à l'état profond et naturel de société : ici, par contre de ce caractère, les forces éparses, secrètes et toutes générales de l'intuition de fraternité, d'égalité, de communisme que chacun porte en soi, tombent désormais dans le domaine de l'association et l'usage de chacun. La morale s'en élargit, le bienfait qu'il en peut ressortir, demeure désormais fixe et pratique pour tous. Car, suffira-t-il toujours de dire, moins encore par aphorisme de morale que par figures de mots : Aimez-vous comme des frères? secourez-vous mutuellement de tout ce que vous êtes et de tout ce que vous possédez? préceptes de mansuétude et de bonté individuelle qu'emporte le vent des passions contraires, pour n'avoir pas de science et de bases assez déterminées, ou qui tomberont à chaque heure du jour dans le puits des mauvaises volontés. Du jour où vous pourrez dire, en toute science et toute vérité de mots : *Organiser la Fraternité, organiser l'Egalité, organiser le Communisme,* comme vous dites organiser la Justice, organiser le Gouvernement, de ce jour-là, mais seulement alors, vous en aurez fini avec les misères et les brutalités attachées à la condition du Prolétariat. L'Institution d'elle-même se mettra debout, la Révélation Française aura pris un corps dans le monde, et fonctionnera pour le bien et le salut social des hommes.

Si maintenant nous nous résumons, en même temps que nous résumerons la tâche et le génie de l'Instituteur des peuples, par opposition à ceux de l'Organisateur, l'institution, prise comme essence, est une loi morale qui comprend en soi tous les rapports de sentiment, d'intelligence et de spiritualité, avons-nous dit, qui font la moralité de l'homme et la haute signification de la société. Elle est la consommation de la loi de l'espèce, selon le plan physiologique de la famille, et selon le plan plus haut et plus général de la sociabilité humaine et native, qui fait de l'espèce entière un seul type d'être et comme un seul homme; elle est le côté pratique des générosités et moralités de la société vis-à-vis des instincts et appétits purement individuels. Et aussi l'action affirmative et créatrice du devoir, vis-à-vis de l'action antagoniste toute négative du droit, par voie d'harmonieux contraste et d'amicale subordination ; car ces deux actions sont également dans la nature. Elle tend à développer chacun selon sa norme morale particulière, l'homme-individu et l'homme-société. Elle s'étudie à les fondre et résoudre tous les deux en une unité pleine de grandeur et d'harmonie. C'est donc d'après les notions et le génie de l'institution, bien plus encore que sur les données de l'organisation, celle-ci, disons-nous, étant beaucoup plus restreinte dans son rôle et sa portée, qu'il importe de constituer surtout une grande nation comme la nation française : un homme a manqué !...

L'Institution, à sa pure essence et comme effet total, est la foi, la communion morale en une doctrine dont le principe naturel nous a créés, nous développe et nous maintient par voie de continuité : c'est une loi organique, humanitaire, dérivant de la nature propre de l'homme, en même temps que révélée à chaque instant par la nature des milieux où il est appelé à vivre et fonctionner. Aussi l'Instituteur des peuples ou l'homme d'institution, est-il conduit directement à l'idée de symbolisme et à en exercer l'action sur les nations qu'il fonde. C'est même de là qu'il tirera ses principales forces et sa plus imposante grandeur ; car l'homme ne relève pas de l'homme seul. Ses lois physiques et morales relèvent aussi d'autres lois, qui veulent être dégagées simultanément de leurs milieux ou codes de phénomènes divers, par une sorte d'anatomie comparée de l'Homme, du Monde et de Dieu, si je puis m'exprimer ainsi. Pour de là, par un génie vigoureusement législatif et plastique, être imprimées fortement, en ce qu'elles ont entre elles d'analogie, dans le galbe et la construction politique de la Cité humaine. C'est l'unique moyen, si l'on veut que l'humanité atteigne à tout le développement et la grandeur d'harmonie dont sa sphère est susceptible vis-à-vis d'elle-même et vis-à-vis des autres sphères.

Et par Symbolisme, nous n'entendons pas seulement ici la connaissance métaphysique qui amène l'homme de législation à trouver et consigner dans une combinaison sociale et politique son signe propre ou type figuratif humain particulier, mais encore à réaliser, de toutes pièces et de tous symboles, celui du Cosmos et celui du Zeus. Mais à déployer dans sa Cité d'hommes, en de solennelles institutions, les magnificences de cette majestueuse et typique idée qui porte aujourd'hui la société humaine, par les seules forces de la loi de création enfermée en elle, à se mouler et se mouvoir dans le même plan ou d'une façon plus ou moins régulière et rapprochée de son immense modèle, l'univers, dont nous avons dit l'humanité être un membre et une fonction : car la Révélation Française ne comporte pas moins. Mettez un pareil monde politique entre les mains d'un Pythagore ou d'un Moïse émancipateur, et vous verrez quel parti il en saurait tirer pour un avenir indéfini.

Les hommes de législation, dans le sens des besoins du peuple ainsi largement compris, ne sont peut-être pas moins difficiles à rencontrer que les principes d'institution à déterminer. Ceux dont l'enfance et le balbutiement des idées ont commencé par être monsieur le Comte, monsieur le Marquis, quel que soit d'ailleurs le degré où la contagion des idées démocratiques ait pu les gagner dans la suite des années climatériques de leur raison, ceux-là, disons-nous, finiront toujours, lorsqu'il s'agira de conclure en faveur de Démos (le peuple), d'opter pour l'homme de la peau démocratique accusée chaudement par les bras nus, ceux-là finiront toujours par rester et se montrer péremptoirement monsieur le marquis et monsieur le comte. Par redevenir, en définitive et à leur insu, Monsieur tel et tel, qui a débuté de naissance et dans la vie, par quelque tic nerveux contracté du règne de la terreur. Parce que la vertu patriotique n'était pas originairement comme ordre du jour et dans la prière du foyer domestique de sa famille, où l'on ne cultivait que les traditions du prince. Parce que quelqu'un de ses auteurs ou grands-parents, aura été emporté par la tourmente des vertus civiques que son opposition suscitait autour d'elle, etc., etc. Témoin le ministre de la dernière chute, homme d'incontestable supériorité d'ailleurs, mais plus fidèle à la mémoire douloureuse de son père, que grandi par l'avenir démocratique de la France, que son génie aurait dû pressentir! Témoin encore plusieurs hommes d'élite et de cœur de la République nouvelle, que nous croirions ici inconvenant de nommer. Il n'y a que l'homme du peuple qui veuille le peuple, le peuple avec toutes ses conséquences, le peuple avec toutes ses vertus peu familières à tout le monde. Spartacus n'était pas un gant-jaune énervé de jouissances et de préjugés égoïsants du faubourg Saint-Germain ou de la Chaussée-d'Antin de son temps. Je ne veux pas un an de République sérieuse, pour que tous ces peintres d'enseigne démocratique, tous ces épouseurs du peuple et du Sinaï législatif, pour que toute cette fibre molle, sortie de sa gaîne par d'inutiles et stériles efforts, accuse sa faiblesse et son relâchement à tous les regards. C'est toujours à sa persistance d'être, à la conclusion qu'il est permis d'attendre et d'accepter l'animal de race pure; et la race démocratique incontestablement est la première : elle est adamitique. Comparées à elle, toutes les vanités humaines sont d'hier, comme leurs hochets et préjugés misérables. Je ne songe pas de fois à quelque chose d'analogue, que mes yeux ne se ferment douloureusement et avec larmes sur les côtés défaillants et les derniers temps de l'Empire!

VIII.

COMMUNISME

Comment doit être entendu le Communisme, et ce qu'il est aux sociétés modernes. — II. Problème à résoudre dans les termes de la Liberté. — III. Problème à résoudre dans les termes de la Fraternité.

Formule française, liberté, égalité, fraternité, incomplète sans le mot résumateur. — Il nous a singulièrement peiné d'employer le grand mot de Communisme par forme de pensée provisoire ou de prétérition verbale : il est de ces mots, dans les langues graves, qu'on ne devrait jamais prononcer qu'après en avoir fait la science. Mais nous ne pouvions nous en taire entièrement ; nous y avons été comme forcé par la logique du principe révolutionnaire lui-même, qui, s'il a un point de départ initial et des moyens d'avancer, doit avoir nécessairement aussi un point d'arrivée, un but définitif, qu'on ne saurait s'empêcher de nommer.

En effet, liberté, égalité, fraternité, sont une progression croissante de termes abstraits, une valeur morale de trois degrés renchérissant l'un sur l'autre : mais où tend-elle, cette progression ? Qu'est-ce qui la clôt, l'enlace, la circonscrit ? Quelle puissance de lien numérique formulera et reliera ces trois termes en une unité ; car ici, visiblement, nous avons affaire à une progression géométrique, c'est-à-dire marchant à la synthèse, à la circularité, à la sphéricité. Puisqu'il y a différence entre chacun des termes, qu'aucun n'est acceptable pris isolément des autres, encore bien qu'ils aient aussi des affinités entre eux, quel sera le mot nouveau qui reproduira simultanément ces différences et ces ressemblances ? Qui obligera à des convergences communes ces branches d'un même faisceau vers une hampe unique? Quel sera le corps, la forme totale, en un mot, qui dominera et comprendra en soi toutes les raisons d'existence, d'harmonie, de classement de ces trois membres, Liberté, Égalité, Fraternité ?

Ces solutions, loin d'être inutiles, deviennent aujourd'hui d'une indispensable nécessité. Car il est évident, pour qui connaît un peu l'homme, que l'on peut vouloir de la liberté sans égalité ; tel autre de l'égalité sans faire la part de la liberté d'autrui, sans se croire obligé à la fraternité ; et réciproquement de tous les rapports de complication entre les termes moraux de la formule. Quelle sera donc la puissance de mot synthétique qui forcera à vouloir le tout, sous peine de déchéance du bénéfice de chacune de ces prétentions isolées ?

De là nécessité d'une science préalable de l'homme, et d'un mot résumateur qui en soit l'expression. Car, comment êtes-vous frère? Comment égal ? Comment libre ?

A qui doit profiter cette liberté, cette égalité, cette fraternité ? A vous seul ? Évidemment non : les deux derniers termes de la formule excluent cette idée, si le premier, à la rigueur, peut l'admettre.

Ces limites, ces restrictions que vous mettez partout à la liberté d'autrui en votre qualité d'existence *libre*, et qui vous sont apportées aussi de partout ; dont l'application vous est faite à chaque instant en votre qualité d'existence *égale* et *fraternelle*, amènent donc nécessairement de membre à membre, de frère à frère d'une même Cité, d'une même humanité, la notion de communauté, de communion, de communisme. Où il y a action et réaction réciproques entre choses diverses, il faut nécessairement un mot qui nomme le rapport : à plus forte raison quand il y a, comme ici, une résultante à obtenir de toutes ces puissances combinées et fondues en un corps unique de doctrines.

Ce mot à prononcer, à admettre ici, n'est donc pas d'un caractère douteux, arbitraire, car il fait loi, loi physiologique, politique, morale....

Après le grave inconvénient d'engager un mot aussi sérieux, avec des formes insignifiantes ou aventureuses, au milieu des préventions de toute nature qu'il a déjà suscitées contre lui, un autre désagrément, mais ici qui nous est tout personnel, serait que l'on pût confondre notre doctrine du communisme, avec certaines théories de communauté sociale, toutes plus ou moins de bonne volonté, je le veux, mais fort erronées pour la plupart, en tant que science préconçue de l'homme : philanthropie n'est pas toujours philosophie.

Nous avons même à dire, à cet égard, quelles que soient d'ailleurs les erreurs graves et multipliées de nos coreligionnaires en communisme, que ce n'a pas été sans chagrin véritable que nous avons vu dégénérer, dès sa naissance, cette dénomination large et puissante de Communisme. Ce mot tout dogmatique (le plus grand qui ait été prononcé depuis celui de Christianisme et destiné à le remplacer un jour, car il peut et veut davantage pour les hommes dans l'ordre des choses possibles et praticables), ce mot dégénérer, disons-nous, en un titre d'individualisation particulière et de séparation des membres de la communion entière, dès les premiers pas qu'essayait la science ; tomber dans l'usage exclusif d'une ou de plusieurs fractions l'une à l'autre hostiles? Qu'est-ce que tout cela, en présence de ce dogme moral et politique, auquel l'universalité est promise, parce qu'il est le mot d'une synthèse de civilisation nouvelle et d'une connaissance de l'humanité véritablement ignorée du catholicisme ? Communautaires, Égalitaires, Nestoriens, Ariens, Icariens, tout cela sent trop son schisme et sa petite église ; l'exclusion illogique ou ignorante des termes généraux sur lesquels est fondée la formule et l'avenir du communisme.

Ce qu'on nous a entendu blâmer tant de fois dans la plupart des hommes et des luttes de parti, quelque drapeau qui les rallie, nous ne nous le permettrons jamais pour notre compte propre. Nous demanderons toujours que l'on organise la société nouvelle, non sur une connaissance tronquée du fait humain, mais sur l'exhibition et la démonstration d'une formule sociale complète. Non sur la mesure de telle ou telle intelligence particulière, de tels besoins actuels donnés et momentanés, mais sur la durée, mais d'après le type d'intelligence, les besoins et la mesure de tous, qui ont bien, ce nous semble, quelque droit aussi à leur satisfaction.

Du reste, un bon dictionnaire, ou à défaut quelques saines notions de synonymie, sont tout ce qu'il faut souvent pour empêcher ou réfuter bien des erreurs.

Je suis *Communiste*, je le répète, et non point *Communautaire*. J'ai foi ardente dans le *Communisme* et point du tout dans l'avenir de la *Communauté sociale*.

En d'autres termes, je consens la communauté pour quelques associations et organisations partielles dans l'État, je ne l'admets point comme normale et possible pour l'État lui-même, pour l'être entier qu'on nomme Société.

Dès que vous admettez, en effet, un mode *particulier* d'organisation pour certaines branches de l'existence sociale, il faut, de logique certaine, que vous admettiez aussi, pour le même objet, un mode *général*. Et l'antagonisme du général au particulier, en établissant nettement la différence et la ressemblance entre les éléments divers, peut seul avoir aussi la puissance de relier le tout. C'est-à-dire que la communauté dans l'État, ne serait point propre à surveiller et subordonner la communauté dans l'espèce communautaire particulière, si elle n'était supérieure à elle, je ne dis pas seulement dans les mots, mais encore dans les réalités et l'existence effective des choses, où il est d'obligation logique qu'elle le soit.

Communauté, notion du personnel et du matériel des choses, n'a jamais pu être prise pour le mot qui relie ces trois termes d'égalité, de fraternité, de liberté, tous trois d'ordre abstrait, pas plus que *Chrétienté* ne veut dire *Christianisme.* Le nom de *Communisme* seul peut remplir ce dèvoir synthétique et cette progression ascendante des termes les uns sur les autres, en fournissant à la langue pratique et donnant un mot qui nomme les trois rapports et leurs proportions relatives, et qui soit en même temps quelque chose par soi-même.

Le mot de communisme peut en outre être considéré comme un signe nominal de perception, exprimant plus la relation intérieure; le mot de communauté, lui, accusant davantage la relation ou le fait extérieur du même principe.

La mesure de la communauté, proprement dite, comme on la comprend dans certaines théories socialistes, est même excessivement bornée, si l'on veut lui faire sa part de réalités. Car enfin, personne ne peut faire qu'un homme ait plus de cinq pieds et quelques pouces ; que sa voix s'étende au delà du cercle d'une place publique ou d'un vaisseau d'assez médiocre capacité ; que, convive assis habituellement en un banquet public, chaque assistant au repas de la communauté, n'ait guère pour interlocuteur que son voisin de droite ou de gauche, et que toute cette prétendue civilisation fraternelle et enseignante, selon ce mode spartiate, se réduise, en définitive, à l'audition de quelques misérables toasts. La crèche où l'homme se délasse et se répare, est peu conseillère d'ailleurs de méditations fortes et de pensées profondes.

Il en est de même des rapports des personnes dans les localités, pour si vastes qu'on les suppose, converties actuellement en ateliers; toutes ces choses, de mesures et capacités purement matérielles et *communautaires*, sont loin d'être la constitution d'une nation de trente-cinq millions d'âmes et d'en pouvoir offrir et réveiller même la pensée initiale et le principe constituant.

Que si un homme prend plus de taille que ses cinq pieds et quelques pouces, plus de voix et d'importance relative que celle de l'étendue communautaire d'une place publique; si un atelier, un monument d'institution quelconque dans un vaste pays, s'élève à plus de grandeur que ses quatre murs d'enceinte et les combles de ses toitures, dont nous venons de poser l'objection, c'est qu'ils commencent à prendre une valeur d'opinion; c'est parce que ce bâtiment se fait art, cet homme moralité ou idéalité; c'est parce qu'ils se symbolisent; autrement dit, qu'ils sortent des étroites circonscriptions de la communauté matérielle, pour entrer dans les proportions colossales et les données morales du symbolisme. Et c'est là aussi le *hic* ou l'*isme* grammatical qui nous sépare de nos coreligionnaires les *communautaires;* qui établit notre manière si différente de voir sur le Communisme et sur la Communauté.

Je comprends ici l'embarras de tout le monde, et la difficulté d'un pareil œuvre. On ne taille pas un symbolisme, dont la tête s'enfonce dans l'Unité Suprême, à la mesure de son appétit du moment, comme une soupe aux choux; ni le galbe d'un grand empire de trente-cinq millions de citoyens, en marmite à bouillon; comme nous voyons les montagnes descendre à l'humilité des collines, ou l'aménité des plaines rivaliser textuellement d'élan gigantesque avec les pitons de certaines cordillières icariennes: philanthropie, avons nous dit, n'est pas toujours philosophie.

Dans l'espèce actuelle de communauté sociale, que nous nous contentons de toucher ici du doigt, pour en révéler quelques-unes des infirmités théoriques, certes nous apprécions mieux que personne tout ce qu'on y a voulu, tout ce qu'on y a fait, avec le désir de remédier aux maux attachés à la production matérielle; à tout cet arrière-faix de civilisation avortée, qu'on appelle l'Atelier, qui embarrasse tant le penseur de nos jours, et fait du malheureux ouvrier le forçat de la Cité moderne. Mais on le demanderait inutilement à toutes ces théories vides de la connaissance et de l'étude de l'homme : où est la ville qui pense ? la cité qui invente, qui découvre, qui gravite jour et nuit avec le globe taciturne et réfléchi qui l'emporte à travers l'espace ? qui se rattache profondément, comme son piédestal géométrique et vivant, au code de la morale universelle et de l'idée ? Où est le lieu, le temps de la méditation, cette fille féconde, laborieuse et lente de l'isolement, du recueillement, qui ne souffre guère qu'on lui mesure le temps et l'inspiration, à coups de crécelle ou de baguette assourdissante et périodique de tambour ? Que l'on produise dans la direction de tous les arts mécaniques, c'est bien ; mais où est l'atelier de la pensée ? cette reine, qui, en définitive, gouverne le monde et fait l'homme grand à l'égal de son globe, car c'est elle qui en apprécie les proportions et les soumet à la disposition de notre faiblesse ?... Je n'en vois rien dans le petit poncif que les auteurs nous donnent de leur monde passablement conventionnel et grandement fabuleux.

La Communauté est un règlement local, temporaire ; elle correspond directement au terme d'Association, tel que nous l'avons précédemment défini. En cela, elle ressemble à tout ce qui est d'Organisation.

Le Communisme, dont le caractère, de son côté, correspond à celui d'Institution, de Société proprement dite, le communisme, lui, est une loi morale qui comprend en soi tous les rapports de sentiment, d'intelligence, de spiritualité, de réversibilité de mérites et de sacrifices, qui font la moralité de l'homme, et la haute signification de la société.

La communauté, circonscrite le plus souvent aux besoins du lieu, du corps, du moment, est presque toujours une relation de chair et de pot-au-feu, ayant pour essence la satisfaction d'appétits créés par l'élément individuel. La communauté, à tout prendre, j'entends celle transportée théoriquement à la cité, n'est qu'un rêve de moine, issu d'une doctrine fort experte d'individualisme et de bonheur placé dans les jouissances sensuelles. Les devoirs et les dévouements imposés par la sociabilité humaine, y sont mal compris, ou ne s'y présentent qu'en seconde ligne. Prenons garde même qu'elle ne redevienne ce qu'on l'a vue : la communauté, dans le passé, a été longtemps le paradis terrestre et la glorification de quelques gourmands de basse intelligence, qui se complaisaient à clouer leur estomac au pourtour d'une planche qu'on appelle table, pour y dévorer les cailles et la manne du désert, qui appartiennent à tout le monde, et en particulier à ceux qui, se levant matin et veillant tard, les ont les premiers ramassées et recueillies. L'égalité de salaire pour des travaux inégaux, par exemple, est une de ces branches gourmandes du communisme mal entendu, que nous signalons ici.

C'est donc bien plutôt sur les notions de Communisme, que d'après les données de la Communauté, qu'il convient de constituer aujourd'hui une grande nation comme la nôtre. Le communisme est la foi, la communion morale en une doctrine d'égalité devant le principe naturel qui nous a créés, nous développe et nous maintient. C'est une loi organique et humanitaire, découlant de la nature propre de l'homme. Nul ne saurait s'en abstraire. Le communisme peut embrasser le monde, la communauté tout au plus une caserne ou un couvent. C'est donc moins une *organisation* de la COMMUNAUTÉ qu'une *institution* proprement dite du COMMUNISME, que nous attendons : les organisations passent, s'oblitèrent ou changent; elles ont souvent autant les choses que les hommes pour but; ce qui est d'institution, c'est-à-dire pris dans les profondeurs de la nature humaine, ne vieillit pas, mais persiste, au contraire, et tend à se développer. Nous avons dit tout cela avant que de le rapporter directement à son objet.

II. **Problème à résoudre dans les termes de la Liberté.**—Après avoir montré comment le communisme naissait nécessairement de la formule trinaire démocratique, faisons voir quelle réaction profonde cette proposition synthétique peut exercer sur ses membres. Montrons ce que seront désormais la Liberté, l'Égalité, la Fraternité sous l'action moralisante du Communisme.

On a déjà pu se convaincre, par le peu que nous en avons dit précédemment, de ce qu'il en serait du problème de l'Égalité : l'égalité prise à son double point de vue d'inégalités relatives et d'égalité absolue d'acceptation. Par quels moyens sociaux et d'application, il était possible d'arriver dans la cité à la satisfaction de ces deux conditions d'existence de l'homme et du citoyen. Voyons ce qu'à son tour, prise sous son double aspect d'homme à homme et d'homme à société, serait la liberté dans le communisme.

Nous continuerons de nous servir de la batterie critique, dont nous avons, en commençant, ouvert le feu contre les organisateurs de la première République française. C'est un préambule commode et tout fait, pour plusieurs natures de raisonnements. Et qui, outre l'avantage qu'il a d'écarter toute idée d'application blessante aux actes actuels de la République en 1848, revêt néanmoins la forme et l'utilité d'un *caveant consules*.

Liberté mesurée. Liberté fraternelle d'homme à homme. — Dans l'ordre moral, les organisateurs de l'ancienne République française, avons-nous dit, ne se sont montrés ni plus heureux ni plus forts d'institution, que dans l'ordre des intérêts matériels, embrassant la vie de la cité.

La Liberté, encore bien qu'en fait naturel elle soit revêtue d'un harmonieux antagonisme, liberté n'a jamais voulu dire conflit, guerre d'individu à individu, œuvre de contradiction perpétuelle et d'hostile égoïsme, même vis-à-vis du corps entier de la société : et c'est cette liberté-là qu'ils nous ont léguée pourtant, après des fatigues inouïes de travail et de méditation.

Il n'était pas plus difficile ici que précédemment cependant, en remontant aux sources, pour le législateur, de constater l'antagonisme proportionnel et mesuré de l'enfant et de l'organe incubateur, de l'individu embryonaire durant la gestation maternelle : antagonisme servant de type, par la suite, aux luttes possibles et normales de l'homme adulte, dans les nouveaux milieux où il allait se trouver plongé, cosmos et société; car la nature n'abuse jamais de la multiplicité des lois : une seule d'ordinaire lui suffit avec les variétés de développement qu'elle sait y apporter. Par là, il n'était pas du tout impossible d'arriver à l'accord actif, en même temps qu'harmonieux, de la liberté, qui est de l'individu, avec l'égalité d'acceptation et de traitement, qui est de la société. De créer législativement la liberté fraternelle d'homme à homme, sans toutefois supprimer une louable et fructueuse émulation entre eux, puisque la production même et le mérite moral de l'œuvre humaine en découlent en grande partie : mais bien pour en retirer cet esprit de lutte acharnée et de basse envie, qui fait le malheur de la société actuelle... L'ont-ils fait?

Liberté subordonnée d'homme à société. — Il y a des devoirs non moins impérieux de l'Individu à la Société : se sont-ils montrés plus habiles à les établir, à en extraire, pour ainsi parler, les racines carrées?

Société n'est point contrat.

Contrat ne peut se dire que de l'Association, et point du tout de la Société proprement dite : c'est la grande méprise de Rousseau, et celle aussi de la République de 1792.

Il n'y a point de droits préexistants à ceux de l'espèce et de la société; la société est avant l'individu : nous naissons *trois*.

En remontant aux mêmes sources physiologiques que précédemment, il n'était pas plus impossible, pour le législateur, d'obtenir la vérification et la consolidation de ce principe.

La société est avant l'individu, disons-nous, en tant au moins que type et distinction d'idées. Nous pourrions ajouter que dans une œuvre rationnelle, à plus forte raison universelle et divine, le but a toujours anticipé le point de départ, l'élément général, les éléments complémentaires et particuliers.

En effet, deux individus (ici mâle et femelle) ne renferment point en eux-mêmes leur raison d'être. Pris isolément et même conjointement, ils n'ont jamais été l'homme-unité. Au point de vue de la logique de toutes choses, il y a dialogue et point drame; antagonisme entre propositions et point jugement, majorité. En physiologie, les deux individualités sexuelles, les deux individus élémentaires sont une compagnie, mais point encore un élément, une société proprement dite. Il en est de même dans l'ordre géométrique, qui du reste préside à tout, même dans l'ordre phénoménal : sondez les bases d'un triangle équilatéral. Il faut que deux côtés unis à leur sommet, que je compare ici au mâle et à la femelle, au père et à la mère, se closent par une troisième face ou troisième côté, et donnent deux autres angles, deux autres sommets, pour qu'ils deviennent d'eux-mêmes quelque chose de consistant et d'affermi. Que l'angle primitif, de compagnie qu'il était, se fasse quadrature, un rudiment de cubation, un commencement de société. En d'autres termes, et pour ramener la comparaison à l'application, il faut que mâle et femelle, outre leur personnalité sexuelle et individuelle, contiennent en eux-mêmes un troisième terme : la puissance de se reproduire, le caractère de paternité, l'élément de translation et de continuité, supérieur aux deux autres, et exprimé ici à son titre le plus simple, le triangle. Car, tous les autres nombres simples, sur lesquels nous n'avons point à nous expliquer ici, entrent dans la consistance et la perpétuité de l'être humain.

Il est facile de se convaincre, en effet, que la *dualité* ne peut offrir tout au plus que le bonheur. Un bonheur vague, personnel, fugitif, sans objet et privé de signification morale; comme cet angle équilatéral, dans l'ordre des solidités géométriques, qu'ici nous avons prises pour image, peut fuir indéfiniment dans l'espace en prolongeant sa double ligne sans clore jamais son ouverture. Tandis qu'avec la triplicité, puissance physiologique et sociétaire première, comme avec ce triangle équiangle, puissance géométrique initiale, qu'on peut porter successivement de transformation en transformation jusqu'à la puissance sphérique, avec la triplicité ou puissance de reproduction, disons-nous, viennent aussi le devoir, le dévouement, le sacrifice. La protection de la part du père, l'onération de la part de la mère. La morale, l'éducation, la sainteté de l'amour. L'extension, la perpétuité de l'être à tous les titres. La Famille, la Société, l'Humanité.

Les conséquences rigoureuses sont faciles à déduire et surabondent de ce point de vue physiologique et magistral qui rejette le contrat pour admettre la nature, si l'on en voulait égrener quelques-unes ici : au premier chef, liberté fraternelle d'homme à homme, liberté subordonnée d'individu à société. Assujettissement fatal et régulier de la vie individuelle, à l'ensemble de l'idée primordiale qui la donne et l'entretient : l'autorité, la puissance d'être et de se reproduire n'ayant jamais été dans l'Individu ; les deux individus de sexe différent n'étant que les supports séparés d'une loi qui leur est supérieure et commune à tous deux. L'homme-unité étant né *trois*, ou, pour parler avec plus d'exactitude et d'autorité, né *sphère* égale à la sphère des neuf nombres simples, puissances de toute vie, condition phénoménale et irrécusable de toute cubation, de toute perpétuité et possibilité d'être, Dieu lui-même compris. Je parle ici pour des physiologistes et des mathématiciens.

La Société, par toutes ses institutions, est préposée dans l'ordre naturel de l'espèce, pour enseigner à l'homme-individu l'accomplissement de la vie par le devoir et par l'idée, comme la Famille, de son côté, l'enseigne, la pratique à l'égard de l'enfance de l'homme par le sentiment : tout adulte est mineur devant la société, une société qui se comprend et se respecte. L'axiome si fameux du passé, que l'humanité est faite pour les grands hommes, la société pour l'individu, dont ont tant abusé les aristocraties et les rois de droit divin, est un mot à écraser sous le pied, avec l'homme qui l'oserait prononcer et le mettrait en pratique à l'avenir. Je parle ici pour des philosophes et des moralistes. L'autorité de l'être doit remonter désormais à sa source vraie.

Mus par ces principes et ces pensées, ou leurs analogues, nos législateurs révolutionnaires ont-ils créé aucune institution en rapport avec les exigences de la morale et du devoir social politique?

III. **Problème à résoudre dans les termes de la Fraternité.** — En fraternité sociale ils n'ont rien institué non plus.

Le dogme de la Fraternité humaine, pour être déduit rigoureusement de son principe physiologique ou d'espèce, veut être divisé ou distingué en fraternité sociale ou spirituelle, et en fraternité familiale ou consanguine. Il exige que ces deux sciences, traitées simultanément, soient mises en regard, afin d'en mieux apprécier les ressemblances et les différences?... Qu'y a-t-il eu de préparé à cet égard dans la première période révolutionnaire?

En fraternité consanguine ou familiale, nous avons du moins les droits d'héritage, de succession, comme consécration du principe d'organisation. Nous avons la législation qui classe et définit les frères les uns vis-à-vis des autres, par rapport à l'avoir et aux devoirs de la Famille. Mais qu'avons-nous de semblable en fait de fraternité sociale? Cette fraternité morale plutôt que sentimentale; tenant plutôt de l'idée que du fait matériel, de la consommation du devoir que de la consécration du droit; du type de la société, que de la norme de l'individu; tenant plus, autrement dit, de ce qui fait la sociabilité idéale et originelle de l'homme, que du fondement charnel de l'espèce. Quelle organisation, quelle interprétation législative répond à ce besoin moral de la civilisation actuelle? Où est la fraternité avec tous ses titres de spirituels rapports, de mutuelle et morale pénétration de l'homme par l'homme, comme deux ou plusieurs agents chimiques se pénètrent, par voie d'affinité, pour de nouvelles créations? La fraternité sociale avec ses compléments de l'individu par l'individu, comme nous venons de voir les nombres s'appeler et se compléter l'un par l'autre dans toute sphère d'existence? Où sont ces combinaisons d'assimilation réciproque et d'affinité des éléments variés et vivants, dont se constitue la cité des hommes, la sphéricité fonctionnelle, en un mot, de la grande famille appelée humanité? Car c'est bien cette fraternité sociale qu'il importe aujourd'hui de définir, d'organiser, de pratiquer, en raison de l'institution de son principe: qu'on ne saurait confondre avec la fraternité consanguine, beaucoup plus circonscrite et moins générale, ni même avec la fraternité chrétienne.

Que l'auteur de l'Évangile ait eu primitivement en vue l'unité de l'homme, et de conséquence l'institution législative de la Fraternité et de l'Égalité humaine : c'est possible. Je veux croire même que celui qui nous a donné, en fait d'institutions, la famille la plus rapprochée de sa normalité vraie, si on la compare surtout aux autres civilisations du monde, tendît vers quelque chose de semblable. Mais si je recours aux résultats, pour me convaincre de l'excellence de cette législation, et à ce qu'on en a pu sortir jusqu'ici, je ne trouve plus que l'aumône qui corresponde comme principe d'organisation, au dogme saint de la Fraternité sociale : ce qui démontre, avec assez d'évidence, l'absence d'une science réelle d'application.

Et c'est cette science philosophique, qu'il importe tant aujourd'hui d'approfondir, pour sortir du vague d'une locution métaphorique sans efficace bien réelle pour la cité : car on n'est pas frère de tout le monde selon la chair et les données du sentiment. Et rien, en définitive, ne saurait persister et conduire l'humanité à ses destinées, qui ne soit emprunté au phénomène humain ; qui ne soit pris au plus profond du type et des rapports de l'existence organique de l'espèce. Il faut être exact, mathématique, et plein, dans la valeur de ses nombres spéculatifs, comme la nature des choses, si l'on veut se perpétuer et se survivre comme elle dans ses institutions et organisations. Et malgré les dix-huit siècles dont on pourrait argumenter en faveur de la durée du christianisme et de l'excellence de ses vues, il paraît difficile de croire que Christ, de son temps, en soit arrivé là, à cette rectitude d'idée et de nombre ; même l'Église, cette corporation raisonneuse qui se constitua pour exploiter l'idée chrétienne, et qui jamais n'en a su faire une science véritable : j'entends mesurable à l'échelle du phénomène cosmogonique, malgré ses constants efforts dans cette direction. Je parle ici aux conciles de la nation ; pour des hommes de science sociale et de dogme politique : une assemblée de législateurs constituants devant être la réunion de toutes les capacités à la fois, sous peine de rester au-dessous de sa tâche.

Le dogme physiologique de l'unité humaine, de l'identité de l'espèce, quelles que soient d'ailleurs les variétés des races, implique nécessairement le principe de la fraternité humaine. Mais cette fraternité, pour valoir tout son prix et monter tous ses degrés, veut être rapportée directement, législativement à cette même unité et identité morale, sa loi d'origine; et non point à la fraternité purement charnelle ou consanguine, comme l'entend le principe ou pour mieux dire la métaphore toute sentimentale des chrétiens. C'est une fraternité spirituelle, sociale, sortant du cercle de la famille et prenant son type plus haut. C'est une fraternité qui monte à Dieu, le père commun de tous, comme s'explique saint Paul ou le Christ, mais en passant avant tout par un type de civisme ou de frère en cité humaine : ce que n'ont point dit ces deux créateurs du dogme révélé.

Les deux co-législateurs dont nous venons de citer les noms, ont emprunté une comparaison à la langue physiologique, pour être mieux compris. La révélation française, elle, plus avancée, lui a pris une loi, pour constituer les hommes sur le pied de leurs véritables rapports. Le principe chrétien est amplement contenu dans le principe de l'humanité, et par delà : qui peut le plus peut le moins. L'égalité devant Dieu, dernier et premier mot du christianisme, est loin de comprendre et clore toutes les égalités issues du titre d'homme; comme le progrès émancipateur des classes opprimées répandu dans le monde, il y a dix-huit siècles, au nom de Christ, est loin de contenir la série de tous les progrès humains, scientifiques et religieux actuels et possibles. C'est ce qu'il faut apprendre surtout à distinguer aujourd'hui.

IX.

CONSIDÉRATION D'UNE HAUTE IMPORTANCE,

ET

DÉCISIVE EN MATIÈRE D'ÉTABLISSEMENT D'UNE CONSTITUTION DÉMOCRATIQUE.

Faute capitale commise à ce sujet par l'initiative du Gouvernement provisoire. *L'ordre dans la liberté, la liberté dans l'ordre*, mot beaucoup trop fameux : ce que c'est. — IV. Problème à résoudre dans les termes du Communisme.

La liberté individuelle, mal comprise ou simplement livrée à elle-même, à l'inspiration de son propre et unique mouvement, vit habituellement d'anarchie, de licence, d'antagonisme indéfini, s'alimente de contrats de particulier à particulier, même de particulier à société, que l'esprit d'association peut bien reconnaître, mais que n'avoue pas toujours également le génie et la moralité inhérents à la société proprement dite : cette source originaire de toute autorité. L'existence sociale, pour cette liberté-là, n'est jamais que secondaire, et pour ainsi dire d'ordre facultatif: l'individu, par une de ces racines d'ignorance difficiles à extirper, et qui fait la véritable chute mythique de l'homme, ayant toujours le travers de vouloir passer et se compter avant tout.

Qu'est-il arrivé encore, et jusqu'ici, de la méthode individuelle appliquée presque exclusivement à la réforme politique française ? Exactement ce qui est arrivé du protestantisme religieux. Nous avons vu le Protestantisme fondé en raison, tant qu'il a agi contre l'autorité de l'ancien dogme; mais il n'en a plus été de même quand il s'est agi, pour lui, d'entreprendre, de refaire et fonder son dogme nouveau: rappeler l'histoire de l'un est faire l'histoire de l'autre.

Il est maintenant clairement et surabondamment démontré, pour quiconque y a mûrement réfléchi, que le dogme catholique, bon peut-être comparativement pour l'époque où il parut, mais produit direct d'une ignorance radicale des sciences naturelles et cosmologiques, n'a jamais contenu, même en germe, une bonne définition de l'être, une notion exacte de l'autorité de l'espèce, de la société sur l'individu, du tout sur ses parties. Ou, si le catholicisme a essayé quelque chose de semblable dans le monde, au profit de ses organisations particulières, et pour se rattacher à des spéculations d'inventions plus que hasardées, ç'a été en se séparant aveuglément des lois du phénomène universel et de la science de l'homme, comme s'il n'avait pas d'yeux pour la lumière vraie. Il a donc bien fallu, de nécessité, après un certain cours de siècles de barbarie sacerdotale, chercher ailleurs ce trésor de science. Mais le protestantisme religieux, s'obstinant à le chercher dans son principe incomplet des droits et de la raison de l'individu, n'a pu aboutir à le trouver. Pas plus que la Révolution française, jetée en dehors de ses voies et de ses révélations premières depuis un demi-siècle, par des intrigants ou des incapables, pour entrer dans un cercle de protestantisme politique inextricable, n'y arriverait elle-même, si elle ne se hâtait aujourd'hui d'en sortir. Tout est encore à fonder sur le terrain des deux idées, Dieu et Peuple.

Nous ajouterons même que, malgré sa bonne volonté de réformer, d'abattre, en vue d'une vérité plus haute entrevue; d'un acquiescement plus général de la raison et de la dignité humaine actuellement à poursuivre avec ardeur, la méthode individuelle sera toujours impuissante à renverser définitivement tout ce qu'un dogme antérieur, religion ou politique, peut avoir de vicieux ou d'erroné: surtout dans cette partie qui regarde le collectivisme ou l'élément fondamental du devoir et de la sociabilité humaine. Parce qu'en enlevant cette assise première telle quelle de l'autorité ancienne, reconnue fausse ou incomplète, mais sur laquelle du moins l'ensemble de l'ancien édifice social reposait, il en faut de nécessité mettre une autre à la place. Et qu'alors ce n'est plus seulement de la négation et de la critique qu'il s'agit de faire, mais de l'affirmation; non plus de l'abatis et du renversement, mais de la création qu'il faut magistralement entreprendre.

Le principe, comme la méthode qui contribue à fonder l'autorité de l'être dans l'ordre social, à son point de vue le plus général, est donc double : individuel sous un aspect, collectif sous l'autre aspect. Fondé, d'un côté, sur un droit d'examen de ma part : car il faut bien que mon individualité se retrouve entière dans ce qu'on me présente d'obligatoire au nom d'un dogme social, comme mon individu se retrouve entier dans le collectivisme de l'espèce où je suis nécessairement classé. Fondé, d'un autre côté, disons-nous encore, sur un droit de contrôle de mes actes particuliers, de la part de la société, puisqu'il faut bien qu'après avoir commencé par me compter et me comprendre selon ma norme propre d'individu, quitte maintenant de ce devoir envers moi, elle agisse et résolve elle-même ses actes propres, selon certaines lois nécessaires, idéales, supérieures et totales, qui constituent la société des individus, dont elle est le type, et où je ne suis pas le seul selon la ressemblance et aussi selon la différence individuelle et sexuelle. L'autorité de l'être humain ne saurait donc être dégagée des gangues de son problème, sans la simultanéité de compréhension et d'action de ses deux éléments, Individu et Société.

Nous sommes loin, comme on voit, de ne pas reconnaître le protestantisme individuel, le droit d'examen et d'action contre tout dogme entaché d'erreurs ou d'absurdité, politique ou religieux, il n'importe. En effet, s'il est de l'essence de l'individu, dans l'acte d'obéissance, d'en appeler de ses droits particuliers à l'autorité de l'espèce ou de la société, en se soumettant à elle, parce qu'il en dérive, il n'en est pas moins de l'essence de l'espèce, d'en référer à son tour à l'individualité. De vérifier les droits généraux que commande la société, par le type même des lois où se fonde et s'élève l'individualité dans son unité propre. Car, cette loi supérieure de l'espèce et de la société, qu'on y prenne garde, n'est pas seulement une somme, une quantité additionnelle et arithmétique, mais mieux que cela, une combinaison sphérique de droits réciproques et de termes particuliers, dont la mutuelle pénétration, comme entre éléments chimiques, constitue l'existence et l'unité générique. Mais, tout en reconnaissant en politique le droit de protestantisme individuel, dont on a usé si largement depuis un demi-siècle, nous n'en persistons pas moins, au point où en sont aujourd'hui les choses, à poser comme règle que c'est uniquement par l'élément universel, catholique, sociétaire, admis en participation d'activité et reprenant son rang naturel, que les difficultés sociales actuelles peuvent se résoudre. Par le conflit harmonieux et amical des deux principes, et non par leur action isolée l'une de l'autre, que peut sortir splendide et radieux l'avenir du monde.

Partant de ces données que nous croyons vraies, et nous élevant à la haute importance d'application des considérations que nous venons d'énoncer en commençant,

Par laquelle des trois moralités, Liberté, Égalité, Fraternité, contenues dans la formule démocratique française, devra commencer la série formulaire ?

Commencer, disons-nous, au point de vue de l'Individu ?

Commencer au point de vue de la Société ?

Car, puisqu'il y a antagonisme de deux termes, Individu et Société, il y a naturellement inversion entre les deux directions des forces antagonistes.

Et, dans l'emploi, le point de contact et d'opposition sur lequel doivent converger l'ensemble et l'antagonisme de ces forces, ne saurait être indifférent : c'est à quoi les hommes inexpérimentés en conduite de révolutions, paraissent jusqu'ici n'avoir pris aucune attention.

Pour nous, très-visiblement, la formule démocratique individuelle et sérielle, est celle-ci :

LIBERTÉ, ÉGALITÉ, FRATERNITÉ.

La formule sociale et sérielle est, au contraire, cette autre :

FRATERNITÉ, ÉGALITÉ, LIBERTÉ.

L'inversion ne saurait être plus complète.

COMMUNISME, qui manque à cette doctrine souveraine, est le mot qui relie les deux formules, ou, pour mieux dire, les deux aspects de la même formule. Communisme est le nom du dogme, le nom central et circonférent tout ensemble, le rayon et le diamètre ; le mot de l'unité géométrale à la fois présente dans toutes les parties de la formule républicaine et leur servant de complément.

Et voyez quel contre-sens des choses en 1848 ! Cette fois-ci encore, comme en 1789, comme s'il se fût agi uniquement de dissoudre des dogmes politiques de quinze siècles d'existence, la Révolution toute routinière de 1848 a parlé à l'homme-individu, lorsqu'il fallait parler à l'homme-société. Elle a procédé par le principe négatif et dissolvant, oubliant qu'on avait à réédifier le lendemain. Ne s'apercevant pas que la victoire avait été instantanée, sans lutte réelle; que vingt-quatre heures, en effet, avaient suffi à l'abatis. On a fait encore œuvre protestante, œuvre d'individualisme, comme dans la révolution de 89, quand il fallait faire œuvre d'universalité, d'affirmation humanitaire; renverser, dans leur ordre d'adoption et d'application, les termes de la formule démocratique.

En effet, la formule, dans le premier ordre de classement de ses termes, que nous avons dit être Liberté, Égalité, Fraternité, est plus individualiste: elle part de l'homme pour remonter, de proche en proche, aux éléments les plus intimes de la société. Dans le second ordre de classement, que nous avons dit être cet autre, Fraternité, Égalité, Liberté, elle est plus sociale : elle part de la personne collective, de la société proprement dite, pour descendre et arriver à l'individu.

Dans la première formule, il n'y a cohésion, agrégation de membre à membre de la même société, que celle que produit fortuitement l'Association : une association telle quelle en vue d'un but quelconque et temporaire donné. Il y a droit seulement.

Dans la deuxième, il y a règne et satisfaction des lois d'affinité, de mutuelle et mutiple pénétration des éléments humains, provenant du fait de sociabilité native de l'homme; plus ici que fait de cohésion d'individualités uniques et semblables, il y a devoir, il y a droit, morale et sympathie tout ensemble : il y a Société.

Induction républicaine. — Comment toutes les leçons du passé de la France révolutionnaire, ont-elles été ainsi perdues ou n'ont-elles pas été suffisamment méditées?

Partant du seul point de connaissance et d'initiative dont elle fût alors en possession comme toute époque critique; protestant énergiquement contre l'ancien dogme politique qu'elle abat par le seul principe qu'elle pût invoquer, le droit individuel, l'examen raisonné de chacun, la Révolution française s'élève de terme en terme à la vérité nouvelle qu'elle cherche, au principe démocratique, à l'autorité souveraine du peuple, à la proposition générale qui doit faire le salut du monde et le sien. La France étudie son Induction humanitaire et ses destinées propres, dans cent luttes gigantesques à l'intérieur, sur cent champs de bataille à l'étranger, qu'elle a la puissance et le dévouement de faire glorieux.

Mais remarquez bien, pourtant, qu'à peine la Société nouvelle achevait de protester contre l'ancienne qui tombe, par le seul principe, disions-nous, sur lequel elle pût s'appuyer alors, le droit individuel, tout des organisations et corporations civiles étant gangrené à l'égal l'un de l'autre, qu'elle se relève à l'autorité. Que la société nouvelle s'affirme par ces grandes et légitimes terreurs, quoi qu'on en ait pu dire. Légitimes, car le même élément de destruction, dont elle venait dans le sens du bien de se servir momentanément pour abattre, pouvait réagir et réagissait en effet dans un sens autre contre elle. Qu'elle s'affirme par cette dictature civile de tous, qui doit savoir, au besoin, mettre l'individualité en état de siége, à l'état de blocus continental, toutes les fois que celle-ci, à un titre ou à un autre, se fourvoie de la justice et du droit commun. Que cette Société révolutionnaire, sous la conduite d'un chef révolutionnaire et géant comme elle, s'affirme de nouveau, et prouve à la face du monde, que le salut de la société passe avant le salut de l'individu ; qu'il n'y a point de droits préexistants à ceux de la Société, par ces grandes organisations d'ordre militaire, où le dévouement de la France révélatrice et unitaire, entre en discipline dans les premières années du Consulat, et triomphe du fédéralisme et des coalitions iniques de ses ennemis extérieurs. Dictature militaire et Dictature civile : deux termes de sanction et d'autorité sociale, obtenus sur les doctrines fausses et subversives de l'individualisme, au moyen du procédé inductif et des sanglantes expériences de toute une génération continentale ; mais qui ne pouvaient pas être les derniers termes de la progression ascendante démocratique à étudier. Car ces terribles répressions d'ordre civil, comme ces formidables coërcitions d'ordre militaire refaisant l'autorité sociale à la hauteur du principe nouveau, avaient plus d'une fois méconnu, dans l'application, l'acte libre et fraternel que tout homme est en droit de revendiquer en son nom propre : la Dictature de la Fraternité était encore à trouver. C'est la gloire de notre époque.

Quoi qu'on ait pu objecter jusqu'ici, et laissant de côté tous les autres termes explicatifs mais secondaires de ces événements progressifs, pour n'en montrer que les nervures et l'épine dorsale, la société nouvelle s'affirme aujourd'hui par le Communisme, par l'élément moral et sympathique. Elle tend à organiser entre les hommes ces grandes fraternités, ces hauts devoirs de justice et de solidarité complémentaires, correspondant aux autres facultés de puissance et de raison démocratique, qu'on a vu se développer précédemment au sein de la France révolutionnaire et initiatrice. Appelez cela de la providence, je ne demande pas mieux, car dans la loi humaine il entre aussi de la loi cosmogonique, mais laissez-moi aussi l'appeler de la logique.

Après être montée par le versant laborieux et escarpé de son induction républicaine ; après en avoir pratiqué tous les degrés, conquis ou apprécié, en partie, toutes les vérités humaines et politiques qu'elle cherchait, la société nouvelle doit redescendre par le versant opposé de sa montagne, mais après avoir posé son syllogisme au sommet :

Tous les hommes sont frères, en humanité.

La France de 1848 est appelée à faire œuvre, non plus d'induction mais de déduction, maintenant qu'elle possède son principe et en a conquis les moyens d'exécution. Non plus à monter du particulier au général, de la liberté à la fraternité, mais bien à redescendre et s'avancer par des conséquences rigoureuses, de celui-ci à celui-là, de l'universel au particulier, de la société à l'individu. A conclure, logiquement enfin, dans ses institutions démocratiques à formuler, pour cette Europe intelligente et sympathique, mais peut-être moins avancée, qui la regarde faire, et attend de notre grande patrie la parole de confiance, et du peuple initiateur l'œuvre de salut.

Descendant par voie de déduction, comme elle était montée par l'escarpement que nous avons fait voir, la France libre se précipite, retentissante et à enjambées de géant, sur les pentes opposées de son syllogisme égalitaire, fraternel et ses conséquences. Les hommes naissent et meurent égaux : la tombe et le berceau sont là pour en témoigner. Les hommes, en droit comme en fait, sont une fonction de la société, une fonction de l'univers : les besoins de chaque instant de l'humanité, ou de l'homme en société, sont là pour en témoigner de leur côté. Les hommes veulent donc être traités simultanément, pendant la durée de leur vie, par les lois et les avantages tirés du cosmos, de la société, de la famille. Chacun est en droit de réclamer sa place au soleil, son droit de développement dans l'espace et le temps. Son amical et harmonieux antagonisme d'homme à homme, d'homme à société, d'homme à cosmos. Chacun demande sa place au foyer domestique, au foyer de la propriété, son droit égal à la distribution de la fonction sociale, au choix du travail basé sur la vocation, à la répartition du salaire général, fondé sur le mérite et l'opportunité de l'œuvre, qui entretient la vie de tous. Chacun demande sa part de Dieu, sa place dans ses plans et dans sa science, où chacun a la conscience et le sentiment qu'il est compris. De Dieu éducateur et fondateur, autrement dit de la loi mystérieuse de l'être, constamment présente à l'origine et au terme de la vie comme également sur toute la ligne de son parcours. Donnant et reprenant l'homme au monde, pour des raisons et des fins qu'elle seule connaît : mais ne devant être entravée ni devancée, dans ses heures favorables ou fatales à l'individu, par aucune des inconduites de l'homme particulier, à plus forte raison par les spéculations métaphysiques de l'homme législateur, comprenant mal sa mission. Telles et d'autres conséquences encore pourraient se déduire de la révélation française.

Au point de vue de la formule syllogistique française, l'Égalité doit prévaloir sur la Liberté, par cette simple raison qu'elle est le lien de rapports de deux libertés au moins; de deux hommes libres et égaux au même titre.

La Fraternité, de son côté, est faite pour prévaloir sur les deux premières, parce qu'elle les comprend en elle-même d'abord; et de plus, qu'elle est pourvue d'un élément sympathique et moral à la fois, qui n'existe pas d'une manière aussi nécessaire, aussi complète dans les deux autres : celles-ci, dans l'application, étant plus d'une morale négative encore qu'affirmative.

Représentants du Peuple! c'est votre part à vous, aujourd'hui connue, de l'Induction révolutionnaire; la part de gloire et d'immortalité qui vous attend en réalité. Législateurs! 1848 vous a parfaitement rendus maîtres, d'élever vos législations d'émancipation sociale et de création politique, à la hauteur où sont montées dans l'estime du monde, et les grandes stratégies de Napoléon et les héroïques résolutions de la Convention, sans être obligés toutefois d'en déployer la mâle et meurtrière vigueur. Ils ont développé la France *libre* et la France *militaire :* à vous de développer la France *fraternelle* et démocratique. La Dictature de fraternité vous appelle. Si vous n'y montez pas, c'est que vous seriez notoirement au-dessous de la tâche que vous avez entreprise, et qui vous est imposée par l'événement.

Ces devoirs imposés à la législation par la France socialiste, sont aussi faciles à déduire du principe générateur, qu'ils offrent de confiance et de bonheur à l'application : car, issus du phénomène universel, ils satisfont à la fois, et la morale, et la justice, et la religion humaines.

Les hommes de contrat social, d'unique compréhension des conditions de l'Association et du droit négatif, veulent faire des frères par la Liberté, laquelle exclut en partie toute sympathie.

Nous, hommes de doctrines socialistes, d'un principe de sociabilité native inhérent à l'homme ; qui reconnaissons autre chose dans le monde que des individus, puisque nous y voyons des espèces; nous, nous voulons constituer des hommes libres et des frères, par les voies de l'égalité et de la fraternité sociale, avant tout. C'est-à-dire, par de certaines restrictions et subordinations apportées à cette liberté indéfinie, qui du reste n'a jamais été de l'homme : ce qui ne laisse pas, comme on voit, que d'être assez différent du premier thème. Restrictions, dont le développement de notre partie sentimentale et nos admirables instincts de justice et de droit, ne peuvent manquer de profiter.

La liberté est, sans contredit, la base organique de l'émulation qui porte l'individu en avant; c'est par elle que l'humanité progresse. Mais acceptée isolément de ses modérateurs, mais prise uniquement comme point de départ de tout le mouvement social, ainsi que l'établit la formule sérielle et première, elle est aussi le fondement irréfléchi ou malveillant de l'antagonisme particulier. Elle ne laisse prévaloir, en définitive, que l'habileté de l'individu, qui dégénère souvent en savoir-faire, en jeu égoïste de la personne et ses tristes chances; en intérêt brutal, latent ou avoué, se livrant aux coupables sophistications de toutes choses, pourvu que l'individualité prévale.

La *Liberté* est un fait circonscrit à l'individualité, qui tend, par essence, à assurer le bonheur de celui qui l'enfante ou le met en pratique.

L'*Égalité*, la *Fraternité*, sont un fait de relation des hommes entre eux ou de la Société : conséquemment devant subalterniser le fait individuel de la Liberté.

L'Individu, d'où relève la liberté, tend plus, par sa nature, à l'Association, laquelle conserve toujours quelque chose d'isolant, de circonscrit, de spécial, comme l'individu lui-même ; d'égoïste même, quand l'un et l'autre mettent les devoirs sociaux et primordiaux en oubli.

La Société, d'où se déduit l'Égalité, la Fraternité, le Communisme, incline plus, par essence, aux combinaisons données par la sociabilité originelle, par cette force instinctive écrite dans l'organisme physiologique de l'espèce humaine. Force à laquelle aucun de nous ne saurait se soustraire d'une manière absolue. Le passereau de muraille ou des champs donne trois mois à la pariade, à la procréation familiale, à son rudiment de société régénératrice. Il lui a été dit, tu n'as pas besoin d'aller plus loin : parce qu'en effet trois mois lui suffisent pour lancer sa jeune famille à travers les espaces providentiels de l'air. L'homme, lui, vassal plein de grandeur attaché à la glèbe de la société morale, et labourant la terre de ses idées, y consacre sa vie active : parce que vingt ans sont à peine suffisants, pour donner dans l'homme un émule pourvu de toutes ses ailes à ce passereau libre, individuel mais vagabond; mais sevré pendant neuf mois de l'élément divin, jusqu'au retour de la saison printanière qui doit suivre celle-ci. A chacun son code de législation primitive, et aussi ses facultés réciproques et concordantes. La Société, pour reprendre ici le raisonnement de notre point de départ, la société est plus société que l'Association, pour tout dire, sans pléonasme de mots ni d'idées. Plus libre de liberté vraie, que cette faculté individuelle destructrice habituelle de tous les droits qui lui font antagonisme nécessaire. Le dogme du communisme, qui résume les puissances actuelles de la Société, en même temps que les conditions primordiales de toute Association, dit :

Soyez frères, soyez égaux, soyez libres.

Le Communisme place le devoir avant le droit. Le dévouement avant le bénéfice. Le lien avant les choses à relier. L'être perpétuel avant l'être temporaire et transitoire. Il veut créer des hommes de droit, mais par les grandes perspectives du devoir et des sanctions humaines. Proclamer des citoyens, mais par le principe où se rencontre l'autorité de l'être, puisque l'individu n'est point la souveraineté.

C'est ce classement, cette conciliation des termes de la double formule républicaine, qui fait précisément que cette doctrine nominale du communisme est un dogme réel; lui donnant une force propre, qui n'est contenue dans aucun des trois termes de la formule, même à leur état de renversement et de multiplication par eux-mêmes. Qui sait en faire l'expression du devoir de tous le plus élevé, parce que c'est aussi l'expression la plus complète de l'unité sociale.

Ainsi donc, restant toujours au point de vue des rapports sociaux, comme de la primordialité de la loi de l'Espèce sur le fait et la loi de l'Individu, nous écrivons sur le drapeau de notre science :

Fraternité, Égalité, Liberté, — Communisme.

Communisme et non Communauté. Il serait préférable peut-être pour l'euphonie et le repos final des sons, d'adopter la formule, Liberté, Égalité, Fraternité, COMMUNAUTÉ.... ou même UNITÉ. Mais il ne suffit pas toujours d'une rime consonnante et riche en bonne logique de langue, pas plus que d'une série formulaire telle quelle, en bonne philosophie, pour engendrer ou appareiller des mots qui tirent leur existence d'une source et de rapports différents.

L'Unité, qu'on a déjà essayé d'évoquer comme le quatrième terme obligé de la formule démocratique, l'unité, disons-nous, s'accomplit précisément par le Communisme, qui est bien quelque chose en lui-même : comme la décimale est bien quelque chose après les neuf nombres simples; comme le blanc est bien l'affirmation, l'expression fixe et déterminée en soi, des couleurs du spectre solaire obtenues par voie de décomposition de la lumière. Mais l'unité ne saurait en aucune façon remplacer le communisme, car elle n'aurait point de corps sans lui. Et il est malheureusement vrai de dire, que les erreurs comme les absences de mots et d'idées ne tardent jamais, en politique, à se traduire par les faits.

L'ordre dans la liberté. — Dans un de ses ordres du jour, le gouvernement provisoire, répondant à la manifestation du 16 avril, s'est encore servi de ce mot faux et suranné :

L'Ordre dans la liberté.

Ce mot réveille involontairement en nous de tristes et sombres pensées. Tout 1830-1848, avec sa sanglante couronne ducale de dix-sept ans en tête, est présent devant nous; debout et placé, comme enseignement vivant, sous l'index tendu de notre gantelet de fer, qui le montre, le dénonce et ne saurait lui pardonner.

Il n'y a que des gouvernements estropiés de bon sens ou de bonne volonté, qui, après avoir inscrit le mot nécessaire et français d'*Egalité* sur leur drapeau, puissent rayer un mot sauveur d'un trait de plume, ainsi qu'il fut fait en 1830. Comme aujourd'hui la société de 1848, incontestablement plus avancée, semblerait avoir voulu, par ses gouvernants provisoires, je ne dis pas seulement voiler à tous les regards le mot inévitable de Communisme: cet énorme sous-entendu de l'ère nouvelle, auquel il est permis de croire que des hommes surgis de la chambre législative ne comprissent rien, mais encore supprimer les mots d'*Egalité* et de *Fraternité* eux-mêmes, que cette révolution avait avoués: ces deux des trois vertèbres maîtresses qui unissent le corps à la tête de la doctrine, c'est-à-dire de la société française, et y adhèrent le plus fortement.

Faudra-t-il toujours quinze ans de compression, des batailles générales, un abatis périodique de toute fortune, de tout crédit publics, pour s'asseoir pierre à pierre, assise par assise, chiquette par chiquette, sur le terrain des idées une fois conquises? Combien faut-il donc de sueurs et de sang, pour envelopper dans le linge de ses compresses la première pierre fondamentale des législations émancipatrices du peuple opprimé et meurtri? N'y en a-t-il pas encore assez avec 1848?

Quoi! de l'ordre public avec le mot unique de *liberté!* Mais c'est de l'ordre par la tyrannie! de l'ordre impossible dans sa durée: car, en toutes choses, il faut avoir raison pour durer, pour être fort s'asseoir en pleine justice pour tous. Mais c'est de l'anarchie organisée au profit de la force brutale, la pire de toutes les anarchies. C'est toujours ce vieux mot lafayettiste sonore et creux, qui, s'il convient aux hommes de bonne intention, va également à toutes les passions mauvaises; et que la grande nullité des deux mondes n'a jamais su définir. Mais c'est le drapeau égoïste de ces hommes d'arrière-pensées, qui en ont toujours eu assez du peuple révolutionnaire quand leur place était faite, et l'obstacle qui les empêchait d'arriver renversé. C'est le mot de ceux qui n'ont que des mots, et point de symbole à offrir à la foi des peuples.

L'ordre dans la liberté..... la liberté dans l'ordre! Qu'est-ce que ce faquinisme de liberté, dont chacun se prévaut et que personne n'explique? dont l'homme de cœur et de conscience commence justement à se défier? qui ne veut dire ni brisement d'un joug au point de vue de la patrie, ni affranchissement de l'exploitation de l'homme par l'homme au point de vue de l'individualité; ni développement possible et régulier des facultés de l'individu, sans acception de classe et de position: mais un je ne sais quoi qui n'a pas de nom, et qu'aucun n'avoue, tout en lui rendant un culte; car c'est, le plus souvent, une des invocations et un des moyens secrets des mauvaises passions, s'il est vrai de dire que ce soit aussi le cri du droit et de l'opprimé.

L'individu ne comportant pas en soi la souveraineté, l'autorité de l'être et la sanction des actes, il est absurde, illogique de tout laisser peser du repos du monde, sur la liberté individuelle, sur le laisser-faire et laisser-passer de chacun, qui ne saurait contenir en soi l'essence de l'ordre. Je le déclare : ou c'est une œuvre de crétinisme législatif, ou c'est confesser implicitement, ce qui serait pire, qu'on est disposé à armer, par des sophismes plus ou moins spécieux, une moitié du genre humain pour comprimer et exploiter l'autre, au profit de quelques ambitions coupables de lèse-humanité, de lèse-nation.

Aussi, à peine ce mot a-t-il été prononcé par des bouches sans portée philosophique, qu'il n'a pas eu besoin de mûrir pour porter des fruits : il répondait à des passions vieilles de plus de trente années d'intrigue et de savoir-faire. Ce mot n'était que d'hier: boa constrictor coupé en tronçons de la veille, il étouffe aujourd'hui.

Législateurs ! vous qui n'avez rien de semblable à vous reprocher, prenez-y garde et souvenez-vous de Rouen, en méditant les lois du Peuple que vous êtes appelés à constituer ! On tue déjà les hommes avec des mots violents et faux. L'arme dont on se prévaut pour cette malheureuse tâche, on la prend dans la formule républicaine, telle que des hommes de routine ou de distraction en ont disposé, en courant, les termes. En protégeant l'homme dans son individualisme, on croit le protéger dans son caractère indélébile et préétabli de socialité : c'est un sophisme politique dont il est temps de faire justice. On saute déjà à pieds joints par-dessus les deux autres termes *fraternité*, *égalité*, de notre devise sociale, au moyen de ce commentaire, pour retomber à pieds joints sur le troisième terme *liberté*, qu'on écrase: trop faible de morale vraie, et qui ne peut d'ailleurs amener l'ordre naturellement, à lui seul, car c'est l'antagonisme, l'inauguration officielle dans la cité, du plus égoïste ou du plus habile, offrant trop souvent la synonymie du plus corrompu.

Défendre, protéger l'ordre dans la liberté : quelle différence faites-vous de la présente formule avec celle dont se servait le dernier gouvernement déchu ?

On ne frappe pas les gens, parce qu'on n'a rien fait pour eux, encore moins quand on ne sait ce qu'on fait : ce serait un terrible droit qu'on leur accorderait sur soi-même. Quelle part avez-vous faite à la fraternité, à l'égalité, qui sont de la société, pour faire ainsi la part de la liberté, qui ne relève que de l'individu? quelle part à l'élément général, pour vous immerger ainsi dans l'élément particulier? L'ordre dans la liberté, la liberté dans l'ordre, séparé de tous les droits et devoirs intermédiaires et réciproques qui en font une sainteté, est un mot stupide. Un mot assassin du régime passé. Une contraction grammaticale ignorante, qui deviendrait aujourd'hui autre chose que cela, si elle persistait entre deux termes qui s'excluent. Un vrai mot de canonnier à ses pièces, capable de réduire en poudre toute constitution démocratique, avec cette explication, la seule vraie, que l'ordre est le boulet et la liberté la cible. Car ce n'est plus ici la société qui avance dans ses destinées et s'affirme, contre l'individualisme contre-révolutionnaire et l'étranger, comme je le disais il n'y a qu'un moment des terreurs de 1793 : c'est la société tout entière qui recule, en s'écrasant elle-même dans son pèle-mêle. C'est le peuple et la bourgeoisie, tels que les régimes passés nous les ont légués, dont on ferait deux camps hostiles et séparés : ce qui serait déplorable!

Avant de vous attacher à mettre l'ordre dans la liberté, commencez vous-mêmes par *mettre l'ordre dans la fraternité*, et celle-ci vous rendra faciles les répressions de toute liberté individuelle mal-entendue: qui n'en prendra plus alors que selon son droit et sa part de dignité propre. Avant de mettre le feu au canon qui brise les crânes, mettez le feu au canon des idées qui aplanissent et enlèvent de haute lutte tous les obstacles matériels, en se logeant dans toutes les têtes. Moralité première et la plus élevée de l'État, commencez vous-mêmes par le terme le plus haut et le plus moral de votre dogme social. La liberté, elle, ne peut venir qu'en troisième lieu. Faites les hommes frères, égaux, et vous les aurez bientôt subordonnés et vraiment libres.

Législateurs de 1848, c'est votre guerre de Trente Ans, qu'il vous est très-possible de conjurer avant qu'elle éclate; mais qui bondira explosive, éclatante et armée, si, dans vos réformes politiques, vous n'apportez pas plus de génie que ce Luther et ces assemblées protestantes de stérile mémoire, qui ne surent jamais recréer de fond en comble leur dogme religieux et leur pape, après avoir ébréché le catholicisme du premier[1].

[1] Depuis la date où nous écrivions ces fâcheuses et prophétiques considérations,

IV. **Problème à résoudre dans les termes du communisme.** — L'homme de Droit pur et simple, par l'essence même du principe qu'il invoque, et des passions que ce principe suscite et représente, transforme bientôt son droit particulier en position acquise, en fait accompli : l'immoralité parvenue s'en fait même souvent un rempart inexpugnable. Il faut, sinon l'en déloger immédiatement, au moins empêcher le retour de semblables vices de constitution civile. Et, seule, la législation sociale peut se charger de ce redressement des torts individuels. Je dis ne pas déloger immédiatement, seulement parce que la vérification de toute source de fortune exorbitante, sourdement scandaleuse même, est toujours difficile à constater : c'est une alluvion, dont les apports et les troubles ne sauraient être parfaitement appréciés et connus. Sans quoi on nous verrait conclure immédiatement au parti contraire, si le législateur pouvait être aussi éclairé que la conscience de ces malfaiteurs de haut étage. Toute une nation ne saurait d'ailleurs, dans un moment donné, se transformer en commission d'enquête et en parquet de cour suprême. Mais elle peut très-bien porter remède peu à peu à des abus aussi criants du droit individuel mal compris, rien qu'en restant dans l'équité de son rôle, et rentrant dans l'activité de son droit propre mieux entendu.

En effet, on ne doit pas seulement dire, en se posant en face du droit individuel, comme nous l'entendons encore répéter par tant de bouches qui se croient expertes, qu'il est du devoir de tout homme libre de faire librement, volontairement telle chose morale ; de remplir telle ou telle condition utile à la communauté, quand surtout l'existence ou le bien-être de celle-ci en peut dépendre : ce qui laisserait supposer, par contre, que vis-à-vis de son semblable ou de la société entière, il est facultatif à tout homme de ne pas le

au fond de l'un de nos départements du midi, sous l'émotion immédiate des affaires de Rouen, d'autres événements se sont accomplis, d'autres événements graves, ceux du 15 mai, ceux de Marseille et ceux des journées de juin à Paris, plus graves encore. En secouant leurs torches sur notre malheureuse patrie, et marquant son effroi d'une certaine loi de progression terrible et croissante, ils n'ont fait, hélas ! que nous confirmer dans notre opinion première sur les vices d'une formule démocratique mal-entendue. Nous n'avons eu rien à changer à la rédaction d'un opuscule tombé de notre plume il y a plus de trois mois : car nul médiateur législatif ne s'est encore présenté assez puissant de principes d'ordre et de lucidité d'idées généreuses et fortes, pour s'imposer aux deux intérêts, pour obliger les deux sociétés, ouvertement ou sourdement militantes aujourd'hui, à s'embrasser et se confondre dans l'unité d'un pacte de justice et de conciliation. Nous craignons bien que pendant longtemps encore on ne trouve, de part et d'autre, plus habile, et plus à la taille de chacun, de faire exclusivement acte de passion et de parti !... C'est fort triste à dire, plus triste à voir : en pays de législation surtout.

faire. C'est, en vérité, revenir par trop souvent au thème erroné du dix-huitième siècle. Il n'y a pas seulement que des individus dans le monde; et où l'espèce apparaît, le mal aussi, quand il apparaît sous une forme individuelle quelconque, doit être forcé au bien : c'est le *compelle intrare* de l'existence politique.

Le *Devoir* est, parce qu'il est, comme le *Droit*, de son côté.

Le devoir est une loi humaine comme le droit une autre loi : chacune d'elles inhérente à la condition d'homme. Chacune embrassant une certaine partie croissante ou décroissante de notre existence physiologique, et se partageant, en fin de compte, l'homme tout entier dans de certaines proportions et fonctions relatives, qu'il n'est pas absolument impossible de déterminer. Chacune s'appliquant à des termes différents d'antagonisme et d'harmonie des milieux sociaux.

Si l'on agit aveuglément ou mollement dans le sens des obligations que la loi d'espèce impose à la loi d'individu, c'est qu'on se refuse à la lumière, de parti pris.

Le Devoir a toujours anticipé le droit, et ne peut cesser de le prédominer.

C'est par l'accomplissement du devoir, de la part des parents, que l'homme enfant achève d'être procréé dans les voies éducatrices. Et, s'il est régulier que la Famille se démette à certain âge, et du développement de l'adulte auquel celle-ci ne saurait plus suffire, et des obligations qu'il a contractées en retour du devoir accompli à son égard, il n'est pas moins régulier et de droit général, que la Société se saisisse des titres obligatoires et des lois de développement humain, pour ne plus les abandonner désormais : car la famille, où est apparu l'individu, est elle-même une procréation de l'élément social tout entier. Les mots de gestation et d'incubation que nous avons précédemment employés, ne sont pas de trop pour éclairer cette position réciproque et graduelle des milieux procréateurs.

La Société, pour parler le langage des économistes, mais ici dans un sens tout moral, tout fraternel, la société a créé des valeurs dans cet homme nouveau-né : qu'elle y ait employé la famille ou tout autre moyen de devoir général ou privé, il n'importe; nourri des valeurs, disons-nous, jusque-là improductrices, qu'elle ne saurait délaisser au jour du retour et du remboursement de ses avances éducatrices.

Il n'est pas vrai que, valide, qu'arrivé à se suffire à lui-même, jusque dans une certaine mesure toutefois, l'homme actuellement en plein rapport de forces et de produits, ne doive songer qu'à lui-même; ne doive que le *minimum* en part de sa production, si aujourd'hui les faibles, les femmes, les vieillards, les enfants, tout ce qui est invalide ou déclassé par nature ou force majeure, vis-à-vis du travail producteur, excédait en effet, par ses besoins actuels, la somme de ce prélèvement-minimum. Il n'y a pas seulement une fraternité : ce n'est ici que le mot de membre à membre, il y a encore l'exercice d'une paternité morale et solidaire de tous à inaugurer dans les mœurs politiques de la cité : tous les faibles sont mineurs et à ce titre sont nos enfants.

Le tort de toutes nos théories, depuis un siècle, est de partir toujours, sans déviation d'idée et de but, du droit individuel. De vouloir mettre en pratique ce *Contrat social* de l'hypocondriaque et très-personnel Jean-Jacques; qui, depuis que l'œuvre de démolition de l'ancien dogme politique, où il avait alors une certaine valeur d'à-propos, a été une fois accomplie, a plus fait de mal au progrès humain à lui tout seul, que trois ou quatre contre-révolutions à la fois.

La Société veut être reconstituée sur d'autres principes.

La spontanéité de dévouement, le devoir sympathique, le sacrifice libre et facultatif, sont, sans contredit, choses bonnes et respectables en elles-mêmes, mais transitoires, si on les examine dans leur essence: mais intermittentes, presque à l'égal des fièvres du mal; mais temporaires, douteuses, réduites à néant souvent, quand elles entrent en lutte directe avec l'intérêt personnel. Allez donc baser, par exemple, un impôt public sur cette disposition sentimentale. Comparez encore, par manière d'autre exemple, l'apport si minime des dons facultatifs et patriotiques effectués en notre révolution de 1848, et ceux aussi de la première révolution de 1789-92, avec les besoins étendus et engouffrants de l'État. De pareilles théories d'économie administrative n'apprêtent-elles pas à rire aux dépens de leurs auteurs? Et ce sont celles cependant que de certaines écoles économistes s'efforcent de mettre en vogue.

Une société ne saurait s'accommoder de ces éventualités, de ces conditions facultatives et éphémères : la société ne vit que d'institutions et d'organisations. Permanente, comme tous les degrés d'âge, comme toutes les conditions de forces, de facultés actives, de retours vers la faiblesse et l'incapacité finale, à la fois présentes dans l'élément complexe de la Société, il faut, de nécessité, pour elle que les dévouements, le devoir, le sacrifice soient organisés, permanents; afin que la société puisse les retrouver à chaque instant, à chaque pas de l'application. Pour n'être pas étouffé dans le berceau, étant enfant, il ne faut pas, adulte, comme certains barbares de l'antiquité, mettre la hache dans la tête du vieillard voisin du tombeau : d'autant qu'il n'est pas bien reconnu encore dans les fonctions de la vie, qu'entre la culotte et la toque, la culotte soit en effet la plus pensante. La nature a fait tous les termes de l'être pour se correspondre, car la vie est un cercle. Il la faut conduire de façon que les deux extrémités se touchent, dans la Société surtout, sans s'interrompre ou se blesser : c'est là tout le mystère enfermé dans une société physiologique bien ordonnée.

On a prétendu qu'il suffisait, relativement à l'homme constitué dans son droit, par une organisation telle quelle du travail, de l'amener maintenant, par les voies de persuasion, à faire de ce droit un bon usage, un usage le plus social et le plus acceptable possible. Il est des gens qui ont peur des lois, comme d'autres se défient des sentiments mis en continuelle activité : cela ressemble comme deux gouttes d'eau à la théorie de l'aumône, sur laquelle tout le monde sait à quoi s'en tenir. En toutes choses, nous aimons mieux, nous, ce qui est fixe ou pour mieux dire fixé : on est toujours sûr de le retrouver au besoin.

On se croit un grand garçon en science sociale aujourd'hui, quand une fois on a dit : propriété, capitaux, travail, talent, je n'impose de loi à aucun des éléments constitutifs de l'Association (Association qui, dans leur langue confuse, veut dire aussi Société). C'est faire œuvre d'économiste, rien de plus.

La loi est partout, raisonneurs à courte vue : le dévouement de spontanéité n'a jamais suffi en législation.

Demander d'abord, et comme condition première, que chacun soit constitué dans son droit, par anticipation et priorité de toute condition supérieure; permettre en tout à l'homme d'être maître de sa chose, c'est prendre la question sociale justement au rebours de ses termes. C'est envisager l'homme à l'état d'isolement, d'indépendance absolue dans tous les temps et tous les lieux de son développement et de sa conservation : ce qui est argumenter d'une position véritablement fausse. L'usage du droit de l'homme, ou l'user entier de son droit, surtout dans une police réglée de Cité, ne saurait être, en tout, laissé à l'arbitrage de l'individu, puisque ce n'est pas lui qui en doit vivre et se l'appliquer en tout. Puisque la Société, le grand éducateur de cet homme-là, nous y revenons, a des prélèvements à faire maintenant sur lui. Des remboursements, qu'on nous passe le mot, à opérer sur ce capital vivant qu'elle a longtemps entretenu, nourri, protégé, comme une non-valeur ; et vers lequel elle envoie maintenant en recette et munis de ses titres, les enfants, les femmes, les vieillards, les faibles et nécessiteux par déclassement de toute nature. Consacrer ce droit de possesseur *quand même* de toute sa chose, ce serait un autre *bon plaisir* de roi, de propriétaire de soi-même, et bientôt de propriétaire des autres, que la Société physiologique pas plus que la Société politique de l'homme, ne sauraient admettre aujourd'hui.

Force et sentiment. — Les langues philanthropiques peuvent bien se confiner et s'harmoniser entre elles, mais non se confondre.

Je ne veux point que dans la réalisation de la production, où il s'agit purement et simplement de l'emploi constant d'une force et de ses résultats matériels, on y fasse entrer le sentiment : l'atelier est l'atelier, la charrue la charrue. Je ne veux point que le métier gagne la fièvre de sentiment, de l'ouvrier qui le fait mouvoir ; ou que celui-ci la lui communique par excès de mobilisation et d'abus de travail. En cela je suis économiste renforcé. Il y a des heures et du temps pour tout. Avant les calculs et les unions de l'Association actuelle, il y a les délibérations et les dévouements moraux de la Société : c'est à l'association de partir de là pour agir et d'être tout entière maintenant et sans partage à son œuvre de production.

Ce n'est pas du travail et de ses sueurs, que la juste répartition des produits entre membres d'une même société doit prendre immédiatement et à chaque instant conseil : conseil dont la vertu pourrait trop souvent se démentir, mais de l'entrain général de ce libre arbitre, de cette force calme et reposée de la conscience, qui porte l'homme, en regard de l'homme, au juste, au bien, à la mutuelle solidarité.

Si le devoir ensemble et le sentiment conservateur de la communauté sociale n'avaient organisé à l'avance le devoir et le dévouement rationnel, je le demande, où les retrouverait-on, par exemple, quand sonnerait, pour l'individu, l'heure irrésistible et fatale de se faire tuer pour la défense de tous ; d'accomplir une œuvre de sacrifice, dont on n'est pas appelé à jouir personnellement, et dont on n'a ni mesuré l'étendue, ni précisé toujours le temps? Où trouverait-on le conseil en soi, de céder, par voie de morcellement, une part de sa propriété foncière au passage des routes, des canaux, à l'emplacement des édifices publics; de la dénaturer et se dénaturer soi-même, pour satisfaire à un principe supérieur? d'accorder une part des fruits légitimement acquis par son travail salarié, quand on n'a d'autre propriété au soleil que celle-là, pour subvenir aux frais et entretien de l'État?

Accepter librement une Association, a pour contre-partie logique le rejet libre et possible de cette même association. Ce qui n'est pas vrai de la Société proprement dite, la société inhérente à la qualité d'homme, dont la plupart des économistes, le nez enseveli dans les chiffres de revient et les produits d'atelier, n'ont jamais compris nettement la valeur. Je n'ai pas besoin de répéter que c'est toujours ici le vieux *Contrat* erroné, sec d'entrailles et pauvre de vérités physiologiques de Rousseau : ce qui prouve que, même pour organiser le travail, il faut partir de plus haut que du travail en lui-même, que d'une organisation des salaires ou d'une liberté mal comprise. Le socialisme veut davantage.

Notre intention formelle est de démontrer, en législation, avant tout, ce qui est juste et vrai : d'autres en déduiront ce qui est utile et bon à faire, en application, dans un moment prévu ou donné. Nous recherchons les titres au mieux-être de l'homme de sagesse et de vérité, à lui de les faire valoir et d'en tirer parti. A chacun sa tâche. Moraliste avant que d'être économiste, je veux les lois des choses avant les règlements, les principes avant les constitutions, la science avant ses applications, les institutions avant les organisations. Je demande que l'on satisfasse aux conditions de la Société, avant que de satisfaire aux conditions de l'Association : ou plutôt pour que l'on entre victorieusement et mieux armé dans la carrière de cette dernière. Une Constitution sociale, telle que celle que nous entendons, doit être le plus grand acte de justice distributive et de probité qui se soit encore accompli de mémoire d'homme. Cette constitution-là, ce nous semble, vaut bien les efforts d'intelligence et de dévouement de tout ce qui, en respectant l'homme, se respecte soi-même. Et nous croyons le moment venu que ces hommes serrent leurs rangs et fassent faisceau entre eux pour le bien, comme l'égoïsme et l'inintelligence le font pour le mal.

X.

QUELQUES APERÇUS GÉNÉRAUX

SUR

L'ORGANISATION DU TRAVAIL.

Dans la coordination des travaux de la Cité, autrement dit de l'Atelier, nous retrouvons les mêmes principes que nous avons définis ci-dessus.

La faculté d'association des citoyens entre eux, n'est point la communion des existences qui fait la société originelle. La première (l'association) suppose quelque chose avant et après soi, puisqu'on s'offre à elle pour se lier comme individu ; celle-ci (la société), issue de la sociabilité organique et native de l'homme, du mode physiologique d'être, qui comporte en soi la loi d'espèce et tous ses dérivés, ne présuppose rien que le principe inconnu qui transmet, entretient et supprime la vie.

Dans l'association, il peut y avoir utilité d'être de telle manière plutôt que de telle autre, en un moment donné. Dans la société, il y a nécessité d'être, à chaque moment, puisque l'on est, puisqu'on est appelé à fonctionner par la fatalité de l'existence à laquelle nul de nous n'a présidé originairement.

L'association des forces, sans aucun doute, fait la force ; mais fait-elle toujours le droit ?

On se rabat ordinairement sur la régularisation de ces mêmes forces, pour en prouver l'utilité : d'accord.

La coordination des travaux de l'association peut bien enlever à l'antagonisme collectif ce qu'il a d'hostile d'individu à individu, de corporation à corporation ; mais la coordination particulière au fait de l'association et sa règle essentielle, philosophiquement parlant, n'est nullement ce principe d'ordre inversif, supérieur et pris en dehors d'elle, qui la doit contenir dans sa norme et ses limites naturelles. L'association, par cela même qu'elle est fille de la liberté et œuvre toute de l'individu, doit être responsable : le principe est de rigueur morale et physique; mais devant quoi ou devant qui? Devant la société inévitablement; la société, cette mère des moralités, solidarités et réversibilités de toute espèce, dont le caractère ne saurait avoir la mobilité, l'incertitude, le précaire des actes de la première.

L'association étant plus la culture et le développement des intérêts actuellement militants, opposés l'un à l'autre, il est naturel qu'elle soit rapportée, pour y être comparée et jugée, à une loi vivante; à une action consécutive, animée, qui soit, de son côté, la consécration, la culture permanente des moralités, des sentiments sympathiques, des liens nécessaires et intelligents de la sociabilité humaine.

Association n'est donc pas, de tout point, Société.

Entre l'Association et la Société, il y a solidarité incontestablement; mais la sanction, mais l'acquiescement, mais l'autorité de l'être humain est toute du côté de cette dernière. L'une est un fait de volonté, l'autre un fait de conscience. Et quand celle-là s'égare, c'est à celle-ci qu'il faut demander le redressement de pareils torts; quand l'élément du droit fait fausse route, c'est au principe du devoir de le remettre dans sa voie véritable. C'est pour cela qu'il y a plus que contrat social, ou, pour parler plus correctement, que contrat sociétaire de membre à membre dans le fait phénoménal de la société; et que celle-ci sera toujours juge, toujours maîtresse de prescrire, d'admettre ou de rejeter tel ou tel caractère déterminé d'association.

La France législatrice et réformatrice n'a donc pas seulement à fonder le droit et le bonheur, mais encore aussi le devoir et le dévouement de ses enfants. Le Droit, de lui-même, est insuffisant. Le droit est, par essence, une œuvre d'équilibre, une action de contrepoids de force à force : *ne pas faire à autrui*..... etc., *Ne pas outrepasser les mesures de son propre droit*... etc.; un motif d'abstention, de détermination négative et passive à beaucoup d'égards, puisqu'on peut faire ou ne pas faire usage de son droit. Demandez donc plutôt au Paupérisme de toutes les nuances de la société actuelle, à ceux qui en souffrent, et à ceux qui l'ont fait ce paupérisme et en jouissent, s'il a pu se relever jusqu'ici par la conscience et l'usage du droit de chacun ? Je suis habile et égoïste, donc mon droit doit prévaloir sur tout ce qui ne l'est pas ou sait mal se défendre : à chacun selon la loi de ses inégalités et de son droit particulier, son revenu net de souffrances. C'est le code misérable de notre vieille Société.

Le droit même et les corollaires législatifs qu'il comporte, les portât-on à leurs dernières limites, n'arriveraient jamais à forcer au devoir. A commander, au nom de la justice fraternelle et distributive, ce que les positions acquises, par voie d'accaparement ou de mauvaise constitution de la cité, doivent restituer légalement, progressivement, je le veux, mais restituer enfin à la communion sociale des hommes entre eux ; à la communion de l'humanité et de la terre, dont nous avons dit l'homme être une fonction : toutes deux voulant être affranchies simultanément du joug de l'individu, toutes deux relevées de l'exploitation et inféodation qui pèsent sur elles depuis tant de siècles.

Il est évident, à ce point de vue, que le DEVOIR, ou son accomplissement, donne le *maximum* de puissance du corps social ; que le DROIT n'en saurait comporter, lui, que le *minimum*. Ne parlez donc pas seulement de droit, de liberté. Le premier, avons-nous dit, est d'essence tout affirmative, tout active, tout effectrice, où le second se contente de se montrer une valeur de contre-poids, un code de négation, d'obligation de s'abstenir. Parlez donc toujours et sans cesse d'égalité, mais surtout de fraternité, de communisme, lequel atteint, lui, toutes les manières particulières d'être et de se présenter de la formule humanitaire-française écrite sur notre drapeau, sans être exclusif d'aucune ; mais bien, au contraire, pour les relier toutes en une unité, en une solidarité mutuelle, et y ajouter sa force unitaire propre.

Dans l'appréciation du fait d'association, de l'organisation du travail, qui préoccupe en ce moment toutes les têtes, je pars de plus haut, comme on voit : non pas pour me créer à plaisir plus d'obstacles, mais pour obtenir des conséquences plus décisives, et arriver plus vite, en définitive. Sans renoncer au devoir de rechercher les voies qui mènent l'homme au bonheur, je m'occupe pardessus tout de grandir la morale des hommes.

Les agents producteurs, dans l'ordre social actuel, ont été récemment définis, d'une manière remarquable, par un publiciste appartenant à la classe travailleuse, à savoir :

La propriété, le capital, le travail, auxquels correspondent terme pour terme, comme revient desservant chaque droit, le revenu, l'intérêt, le salaire : chacun de ces produits appartenant au même titre et aussi légitimement à son capital correspondant.

La définition, sous un certain point de vue, est pleine de justesse.

Pour la *propriété*, c'est cet instrument de travail général, mis, dans son état brut, à la disposition du travail humain, c'est-à-dire de la puissance de fécondation et de transformation, et donnant un *revenu* quelconque, fruit de cette œuvre de transformation. Qu'on nous passe le mot de la comparaison, parce que celle-ci est pleine de justesse : c'est le mâle recherchant et fécondant la femelle, sans lui à l'état de passivité, de stérilité.

Pour les *capitaux*, réduits à leur plus simple expression, c'est un instrument, moins de valeur effective que de valeur de représentation, de crédit, de mobilisation de la propriété, donnant la possibilité secondaire de vivre d'un avenir qui n'est pas encore réalisé, d'anticiper le temps. C'est la monnaie courante des choses qui sont en nature et en voie de transformation; une caution valable et toute sociétaire, qui fait qu'on peut participer aux bienfaits de la récolte réalisée, et enfermée aux mains de ses détenteurs actuels, en attendant la récolte de l'année improductive et laborieuse qui s'ouvre ; au moyen d'un prélèvement particulier, d'un *intérêt* que retire le capital pour les services qu'il rend à la chose de tous, à la propriété surtout, puisqu'il la fait mobile, sans la déplacer, au moyen de son caractère d'échange ; qu'il est, en quelque façon, une propriété lui-même, puisque avec le besoin de transactions, inhérent à toute société, il double, il triple parfois la propriété dans certains cas de besoin de crédit et de mouvement donnés aux produits de valeur naturelle.

Pour le *travail*, c'est l'homme qui est à soi son propre capital. Ses forces employées, dépensées chaque jour, mais renouvelées le lendemain, donnent un produit, produit appelé *salaire*, quand on n'a égard qu'au capital qu'il représente et aux forces qu'il entretient.

Il semble de là, qu'il suffirait uniquement de traiter l'un et l'autre de ces capitaux sur le pied d'égalité, pour être dans le vrai des réformes à opérer, ce que nous ne croyons nullement exact. Car, cette opération de définition préliminaire une fois accomplie, il s'agit maintenant de comparer ces capitaux entre eux. Capitaux, non-seulement de nature et de source, en effet, différentes quant à l'action, mais vraisemblablement aussi, différents de quotité relative et distributive quant au revient.

Ce que nous disons a tellement de poids dans la balance des choses, que, de nos jours, ces éléments communs de toute prospérité publique sont loin d'être admis sur un pied d'égalité réelle : l'oisiveté étant devenue un luxe de la pensée, comme aussi s'étant glissée dans les habitudes corporelles de l'homme d'orgueil, de possession, d'exploitation ; il en résulte que l'homme d'oisiveté, l'homme d'improduction se reposent et grandissent, tous les jours démesurément, pour opprimer l'homme de travail à l'ombre des capitaux et de la propriété.

Mais, puisqu'il y a produit d'un côté et salaire de l'autre, il faut bien, de nécessité, que le travail ou l'œuvre de transformation et de production s'applique soit au capital, soit à la propriété, pour les faire valoir et les multiplier. Faire du capital, ou pour mieux dire des capitaux, une entité, un être ayant faculté de multiplication, de transformation, de production, de développement par soi-même, pour l'opposer au capital-homme, en faire une équation, et même le préférer à lui, quelque besoin de fixité qu'aient les choses de la société, c'est abuser étrangement des figures de mots, se prévaloir par delà toute mesure admissible de valeurs fictives et représentatives, que de leur sacrifier ainsi l'homme à tout propos. Qu'est-ce que produisent, par eux-mêmes, les capitaux, durant le sommeil et l'oisiveté du capitaliste, attendant son intérêt sur un pied de recors, pour que cette égalité soit mesurée aussi égalitairement entre l'homme d'activité et l'homme de stagnation? Pour que ce dernier ait toujours eu, jusqu'ici, l'avantage sur le premier? Essayez donc de semer un grain de froment sur le disque nu d'une pièce de cinq francs, pour vous convaincre comme il germera. Il y a donc là un vice d'organisation et d'exploitation de l'homme par l'homme, dont la société doit à tout prix se relever. Je ne laisse au capital acquis sa liberté entière, que parce qu'il respecte et comprend moralement les labeurs et la liberté de l'homme, et qu'il en est lui-même un produit originaire. Que parce qu'il s'enchaîne aux facultés du travail et du talent, pour en étendre actuellement les capacités, en développer l'activité. Car, pour notre théorie philosophique, il n'y a pas seulement que la *propriété de premier occupant,* celle qui, par un accident ou une bonne fortune quelconque de la vie, appartient à quiconque s'y établit et en prend possession; il y a aussi, et plus sacrée que cette première, la *propriété de premier travaillant,* celle du metteur en œuvre, du véritable transformateur des matières brutes, qui lutte corps à corps, ou par la direction issue de la pensée, avec elles.

Les valeurs représentatives étant parfaitement improductives d'elles-mêmes, resteraient donc en présence et en réalité la propriété foncière et le travail transformateur, l'homme et la terre, l'instrument et l'ouvrier.

Il n'y a, en effet, que la terre et l'homme qui soient pourvus de spontanéités créatrices. Et encore, les miracles de production de celle-là, sur une surface donnée et comparée à l'œuvre humaine, se réduisent-ils, en somme, à bien peu de chose si l'homme n'y met la main.

Ce n'est pas par une pure ambition de mots que l'homme a été nommé une fonction de l'univers. L'agent actif et principal, qui socialise la matière brute ou primitive, et la met avec lui dans une communion de rapports. Sans doute le règne végétal et le règne animal, issus en ligne directe du règne minéral, et progressifs dans leurs transformations successives au point de vue de la vie, ont été, de tout temps, destinés à se faire équilibre : toute l'étude des anciennes couches géologiques et des races perdues qu'elles contiennent, vient en preuve de cette loi première. Il y a une nature et une complication numérique déterminées d'animaux actuels, parce qu'il y a une détermination de nombre et une nature de puissance végétale permanente et correspondante : l'équation doit être, en cela, plus rigoureuse encore qu'il n'est permis de l'imaginer; les impondérables, les gaz antagonistes et propres aux deux grandes inversions de la vie, doivent avoir été pesés avec une sagesse infinie.

Mais il n'est pas moins avéré, comme loi seconde de ce principe premier, que le travail de l'homme est transformateur des surfaces géogéniques du globe. Que la lutte de celui-ci avec la matière brute, et le poste intermédiaire qu'il occupe entre le grand agent solaire et l'agent cosmique, en fait une fonction véritable et comme un troisième agent, qui force le cosmos à faire passer des forces latentes et jusque-là inactives et enfermées dans son sein, à l'état actif et patent. A modifier et transformer par voie de progrès, les milieux ambiants qui servent d'enveloppe et de marées atmosphériques au globe du monde.

Que les choses, à l'apparition de l'homme, aient été originairement ou non dans cette situation, nous n'avons point à vider ici cette question. Un fait subsiste. Le sol livré à lui-même, la terre à l'état vierge et phénoménal, ne saurait suffire à l'entretien de l'homme, tel que nous l'avons aujourd'hui. Le travail est le grand transformateur, le multiplicateur intelligent du capital et de la propriété, à tous les chefs et de quelque nom qu'il plaise de les décorer. L'agent qui socialise la matière brute et primitive, qui la met en étroite communion de rapports avec l'homme, c'est l'homme.

Si vous ajoutez maintenant, au point de vue de la constitution de la propriété, telle qu'une mauvaise ou incomplète législation nous l'a faite, que les riches vivent comme soixante, les pauvres, autrement dit les travailleurs actuels, auteurs directs de toutes ces merveilleuses transformations des milieux sociaux, ne vivent, eux, que comme quarante seulement, il est évident qu'il faut traiter le problème par le renversement des termes.

Aujourd'hui donc, l'homme avant la chose.

Le travail avant le capital et la propriété.

Puisque si, par hypothèse, le droit de première occupation d'un sol vierge, naturellement producteur, peut fournir comme *un* aux besoins actuels de la société, et le droit de premier travaillant, autrement dit la culture et la multiplication par voie de travail, produire comme *deux*, ce que nous mettons au plus bas terme possible, il est évident que le droit supérieur, et le moyen de conservation de la société, sont tout du côté de celui-ci.

Quant à l'œuvre de permanence, à ce quelque chose de fixe dans le droit de propriété, également nécessaire au maintien et à l'extension de la société, et dont nous sommes prêt à tomber d'accord, ce principe, lui aussi, veut être déduit des bases fondamentales que nous venons de signaler à la société nouvelle : l'oisiveté, le droit de premier occupant par la force ou l'exploitation improductive, n'ont rien à faire avec ce principe générateur. Un des plus éminents fondateurs du christianisme a dit avec autorité et vérité, *qui ne travaillera pas mourra :* cet homme semblait avoir toute la suite des devoirs et des temps en regard de lui.

XI.

CONCLUSION.

Formules particulières, propres à établir *l'ordre dans la Fraternité.* — Organisation de la Fraternité sociale. — V. Problème à résoudre dans les termes de la Morale.

Pour éviter le vague qui pourrait rester à notre rédaction, ou qu'on y voudrait attacher, nous devons nous demander à nous-même comme on pourrait le faire : Que voulez-vous? que concluez-vous?

Nous le ferons très-nettement, très-explicitement, dans la mesure toutefois des quelques principes précédemment posés : un traité des institutions démocratiques, comme nous les comprenons, demanderait, on le comprend bien, une philosophie préparatoire et un champ de discussion étendu, que ne saurait comporter une brochure cursive.

Beaucoup de gens s'abusent en pensant qu'il suffit, à la France, pour rentrer dans son lit accoutumé de grande nation, de rectifier certaines positions fausses dans l'ensemble de l'ancien ordre de choses : la société ne tend pas seulement à se modifier, la société se transforme aujourd'hui. C'est ce dont il faut bien se pénétrer.

La loi d'égalité absolue, dans la manière d'être particulière à chaque individualité, emporte comme conséquence immédiate le traitement égal absolu. Absolu, disons-nous, quant à l'essence, proportionnel quant à la différence. Deux quantités inégales, pour les desservir dans leurs ressemblances et leurs différences à la fois, veulent être traitées par des quantités égales : c'est l'égalité d'acceptation. En d'autres termes, à des hommes inégaux ou dissemblables de besoins et de fonctions, il faut faire une part égale dans la mesure relative ou l'équation avec ces mêmes besoins.

Au fait des inégalités relatives, qui se retrouve implicitement dans la loi d'égalité absolue, si nous consultons la puissance et la durée de la vie, correspond dans l'ordre des répartitions, la formule :

A chacun selon ses besoins, premièrement, et secondairement :

A chacun selon ses œuvres, en considérant les droits dans l'ordre de la production.

« A chacun selon ses besoins, » disons-nous : parce que dans ce cas c'est la vie. Parce que, tirant sa loi de répartition et d'absorption d'un droit primordial et absolu, c'est la conservation, le développement, la perpétuité de l'être. Car, ou vous avez été (le vieillard), ou vous êtes (l'adulte), ou vous serez (l'enfant), dans ce qui constitue actuellement la permanence et la vitalité de fait de la société.

Au point de vue de l'enfance, après avoir puisé dans le trésor commun de la vie sociale, pour entretenir la nôtre propre, il est naturel, il est juste, qu'arrivés une fois à l'âge adulte, détenteurs de la plus grande force qui maintient, propage et perpétue l'être, nous nous portions maintenant et solidairement, au remboursement des obligations contractées par nous dans un passé improductif et onéreux.

Au point de vue des droits également acquis par la vieillesse, il n'est pas moins juste, qu'après avoir usé dans l'âge adulte et procréateur de produits, ses puissances d'homme au profit de la société, la société n'oublie pas ses plus vieux membres, dont la tête d'ailleurs, cet organe qui persiste le dernier à croître, quand tous les autres sont complets ou s'oblitèrent chez l'homme, lui apporte des produits de pensées et d'expérience étrangers à un autre âge.

« A chacun selon ses œuvres, » disons-nous encore. Parce que, dans ce cas, c'est la fonction qu'il s'agit de rétribuer; laquelle tire sa loi de revient ou de répartition proportionnelle, de la valeur de la production, basée elle-même sur les inégalités humaines relatives; inégalités qu'aucun de nous n'a pas plus déterminées que le fait de la vie ou de notre apparition dans le monde, mais que chacun de nous nous devons accepter, comme la société elle-même les accepte.

Dans l'ordre de l'économie sociale, cette loi de répartition proportionnelle des produits communs à opérer entre les membres d'une même communauté de travail, se traduit par cette double formule :

I. Égalité du nécessaire.

II. Salaire proportionnel à l'œuvre.

La loi de Fraternité est la sanction de ces deux termes de l'Égalité sociale.

Égalité du nécessaire, disons-nous, est le mot de l'égalité sociale; l'axiome de la justice économiste d'un grand peuple nouveau, qui correspond directement à cet autre de la justice distributive, adopté depuis longtemps par la même nation : Égalité devant la loi.

A chacun selon ses besoins, traduction autre du même mot, suppose le *minimum* du salaire en équation au moins avec cette *unité de besoins* premiers, qui affectent la conservation de l'Individu ensemble et de la fonction, qu'il représente dans le monde des réalisations. Cette unité vis-à-vis du temps et des lieux donnés, peut offrir des différences, difficulté des plus faciles à résoudre en application : chacun partout doit avoir le nécessaire sauf.

Égalité du nécessaire est cette dernière matière imposable, au point de vue de l'économie de la cité; c'est-à-dire imposable seulement dans des besoins publics et momentanés, où le prélèvement de l'impôt sur l'aisance et le superflu, ne saurait suffire.

C'est, comme on voit, un renversement des termes de l'exploitation de l'homme par l'homme; où le pauvre, proportionnellement, était toujours le plus imposé. Où le plus grand nombre était toujours le nombre écrasé, quand la raison d'équité appelait chacun à l'égalité de traitement.

Au fait humain des inégalités relatives, correspond comme affirmation de soi-même, comme loi passionnelle et tendance continue vers le bien, l'Émulation.

A l'émulation est attaché et correspond dans l'ordre social, le Progrès, autrement dit le développement, l'ascension de l'humanité vers une condition meilleure : tous ces termes d'une même unité s'échelonnent et sont inséparables l'un de l'autre.

De là, au point de vue de la société et des devoirs qu'elle impose aux inégalités relatives du fonctionnaire ou de l'individu, cette autre maxime pleine d'équité, que *celui qui fait tout ce qu'il peut, fait tout ce qu'il doit.*

Cette maxime d'acceptation morale est incontestable. Mais encore faut-il bien un terme de comparaison, une échelle d'appréciation pour s'assurer que l'homme fait réellement tout ce qu'il doit vis-à-vis d'un thème de production donné. Dans ce cas, et c'est ici qu'arrive le règne de l'émulation et du progrès, le mérite ou la quantité de l'œuvre, comme nous l'avons exposé précédemment, entrant dans la consommation et l'appréciation de tous, fournit naturellement la règle et constate ce droit relatif. Qui peut le plus et le mieux, est nécessairement le chef ou le conducteur des travaux dans la réalisation de la production commune. Nulle œuvre, nul ouvrier, qui par là ne comportent leur propre tarif.

On a beaucoup récriminé dans ces dernières années, contre le fait évident des inégalités relatives. On est allé même jusqu'à le nier. Le même nombre d'aptitudes logées dans la pulpe du cerveau humain, semblerait devoir appuyer cette objection. Ces aptitudes y sont incontestablement, en vertu de l'unité physiologique de l'homme; mais non à l'état égal de développement, mais non dans la mesure de puissance efficiente et d'activité pareille : soit que vous attribuiez ce développement à l'accident de l'éducation actuelle de l'individu, ou de l'éducation plus ancienne d'une longue parenté dont il descend. A mérite égal d'éducation, même chez les animaux domestiques, il y a toujours le mérite différentiel de la race, et le bénéfice des entre-croisements : tout ce qui aime l'exercice de la chasse, monte à cheval, lance des pigeons dans les airs ou des coqs dans l'arène du combat, sait cela de reste. Ce qui est à l'état rudimentaire dans l'aptitude cérébrale de certain homme, peut être à l'état de développement chez certain autre, et réciproquement : chaque acte individuel comparé est là pour confirmer la règle.

Le fait d'inégalités relatives, à son point de vue absolu, a plus de portée, selon nous, qu'on n'a communément l'habitude de lui en attribuer : il est le fait de consécration de la Fraternité entre les hommes, une nécessité organique de la loi de société : car, qui ne saurait être tout par soi-même, doit rechercher nécessairement son complément ailleurs. Et c'est ici le fait général; le grand fait qui domine tout individu, et le subalternise irrévocablement au fait social, en poussant cet individu à se faire moralement le frère de tous, et en faisant, par réciprocité, de la société ou personne sociale entière, une fraternité idéale et vraie, dont chacun est un membre complémentaire et dévoué. Le fait des inégalités relatives est aussi la loi qui consacre la hiérarchie dans l'ordre de la fonction et de la production : nulle association, nulle société ne sauraient échapper à ces nécessités primordiales du phénomène humain.

Puisque nous voilà rentrés dans le fait de Fraternité sociale et de son organisation, qui fait le but de notre opuscule, achevons ce que nous avons à en dire ici.

Le Charpentier à l'ordre du jour. — Ces palmes, ces succès dont vous venez de vous couronner, jeunes enfants, dans ces nobles concours, dans ces luttes d'émulation, où chacun de vous prend son rang d'application et de capacité personnelle, sont les palmes terrestres; les hommes et la renommée qu'ils savent distribuer, vous en tiendront un compte exact.

Mais au milieu de ces triomphes mérités, il en est d'autres, les palmes célestes, mes frères, qu'il ne faut jamais perdre de vue; les palmes du salut se penchent d'en haut pour toutes les mains, et toutes les mains empressées, jeunes lauréats, doivent se dresser pour les saisir!....

Qui n'a pas entendu cette banalité d'exorde et de péroraison ascétiques obligés, autant de fois qu'on a pu assister à une distribution de prix, où figurait en quelque chose la robe du prêtre?

Liberté, Égalité, Fraternité, se reproduisent dans la même langue et sur une bien plus grande échelle aujourd'hui, au moyen de la formule du *Charpentier,* comme l'humilité de leur orgueil n'hésite pas d'appeler leur maître avec une certaine affectation, afin de le rapprocher davantage de la condition des hommes de travail, et de se faire écouter d'eux plus favorablement. Il n'y a pas d'arbre de liberté aujourd'hui planté en France, qui n'ait reçu ce baptême. Ces trois mots magiques et souverains n'ont plus été, dès le lendemain de la nouvelle révolution, une formule de morale démocratique et de droit politique français : on en a fait un signe de ralliement purement chrétien! Aveugles! qui sont encore à s'apercevoir, si l'on pouvait s'en rapporter uniquement à leur cécité intéressée, que l'homme du peuple a plus avancé en un demi-siècle de révolution dans sa carrière d'émancipation et de moralisation, que pendant toute la durée des dix-huit siècles de christianisme qui se sont écoulés!

Ces gens-là ne réclament la priorité du mot, que pour en contester la valeur d'application à la République et le sens véritable.

Cette formule sacramentelle de la démocratie moderne, ils la voudraient repousser, pour l'expliquer et la détourner de son lit et de ses larges courants, jusqu'au maigre filet d'eau de leur révélation surnaturelle.

Si la Fraternité n'était inhérente à la nature de l'homme, est-ce que vous auriez pu l'inventer, l'implanter, la constituer dans un sol qui n'aurait pas été fait pour la porter?

La Démocratie française, fort peu soucieuse des prétendues révélations surnaturelles, remonte franchement aux sources des choses de physiologie humaine et de cosmologie universelle, pour en déduire son monde nouveau.

La Révolution française, qu'on pourrait également ennoblir du titre de révélation, prise dans l'ensemble de ses activités intelligentes et de ses mouvements réalisateurs, est trop grande, il y a cinquante ans que le clergé aurait pu l'apprendre, pour s'arrêter sur le seuil d'une obtuse et grossière pensée d'anthropomorphisme.

Il y a fraternité et fraternité. Si la fraternité chrétienne était, en réalité, la fraternité française, pourquoi donc le catholicisme n'a-t-il pu faire sortir la sienne du temple, et franchir le cercle de la famille, quand il en est venu à l'application humaine?

Il y a donc, de sa part, un fait d'impuissance? une absence de conception, et aussi un vice d'origine et de définition tout ensemble, que ce n'est pas pour nous ici le lieu de démontrer? Il serait donc vrai, que le christianisme ne comprendrait la Société, en pressant l'un après l'autre tous les mots et tous les dogmes secondaires et premiers qu'il contient, que sous le point de vue de l'Individu, que sous l'aspect unique de l'œuvre individuelle? qu'il y aboutirait fatalement par l'individualité même de son révélateur? L'humanité, la souveraineté de l'être collectif et la loi vivante de l'espèce, à leurs plus hauts points de vue de sanction et d'activité, lui seraient donc, en réalité, demeurées étrangères?

Il y a ici une vérité qu'il faut se hâter de reconnaître : chaque homme, chaque intérêt créé, à un titre ou à un autre, chaque corporation ou institution actuellement subsistante en vertu du dogme politique de l'ancienne société, essaie d'entraîner la nouvelle, s'efforce de s'emparer de la République, de la définir, d'en régler l'avenir et le mouvement. A défaut d'une définition bonne et acceptable pour tous, de la diriger vers le but de ses idées et de ses intérêts particuliers, advienne que pourra.

Et c'est de ces tiraillements en sens contraires, que la République démocratique, avant de s'asseoir, n'a pas à souffrir médiocrement.

L'esprit sacerdotal n'a pas été le dernier à l'œuvre d'entraînement et d'attraction politique. Le prêtre catholique, en particulier, s'y est montré habile, en élevant le signe de son homme patibulaire. Signe dont l'esclavage du monde romain a pu rendre le mythe autrefois nécessaire, mais qui, en droite conscience, n'a plus de nos jours la même signification, la même nécessité.

Ne tarissons point par des larmes feintes, la source des larmes vraies : l'humanité, malheureusement, n'eut toujours que trop besoin de celles-là pour expier ses torts et racheter ses vices. A quoi bon, sur un bois en croix, qui n'est plus celui du supplice et des amertumes actuelles du pauvre, aller déposer les douleurs mythiques et les gémissements d'une société odieusement organisée ? Les besoins d'émancipation et d'égalité de l'homme vis-à-vis de l'homme, ne sont plus aujourd'hui les mêmes. Les souffrances ont changé de formes, le supplice a changé de bois : et l'on sait quel nom il porte en place de Grève, pour peu que le paupérisme ou le vertige d'une éducation mauvaise, égare l'homme dans les sentiers qu'on lui fait si ardus. La société demande aujourd'hui que la croix de ses plaies actuelles soit érigée nettement à la face du monde moderne, si l'on veut que ce signe en redresse les torts et en fasse sortir les nouvelles moralités. Que son homme pantelant de toutes les blessures, crucifié de toutes les misères et de toutes les heures, en devienne le signe de salut, l'expression de justice à rendre, la charité ardente, l'œuvre de sympathie humaine à satisfaire. Laissons reposer Rome et ses plaies : que la terre lui soit légère. Le monde païen est trop loin de notre cœur et de nos entrailles. Le monde n'a plus à passer sur le ventre de ces ducs et pairs de l'ancienne société, pour aller de nos jours à ses destinées d'affranchissement et d'égalité. Trêve d'anachronismes : surtout quand ils tendent à nous détourner aussi visiblement de l'œuvre du siècle à accomplir.

C'est à l'Assemblée nationale, c'est aux hommes d'intelligence et de vertu généreuse qu'elle contient dans son sein, à diriger et régler ces mouvements, dans le but du progrès à constater, de la civilisation à faire marcher, des vérités à conquérir, du salut public à assurer.

Organisation de la Fraternité sociale. — Fraternité révélée, Égalité révélée, Morale révélée : que veut-on dire par là ?

Nous croyons le temps des hypocrisies, ou d'une fausse science, complétement passé, même pour l'ordre religieux. La logique veut qu'on ne tienne pas plus compte d'une conscience ignorante que d'un raisonnement qui fausse les principes : car, moins la bonne intention qui peut excuser l'homme, les fautes se payent à l'égal en matière de direction d'État : en tout, il faut recourir à tout ce qui est vrai d'une manière générale et absolue.

Tous ces élans de fraternité catholique, dont on s'efforce aujourd'hui de faire tant de bruit; toute cette ardeur qui nous fait porter, par un immense amour, tout le genre humain dans nos entrailles, à l'exemple du Christ, et qui n'en rendent pas moins égoïstes et secs de sentiment et de justice, au fond, tous les cœurs de la gent dévote considérée de plus près, toutes ces ardeurs sont des tropes de langage, dont-il est permis à la rhétorique seule de la chaire évangélique d'abuser. Rhétorique aussi vaine qu'impuissante : car tout ce luxe de charité fastueuse, depuis dix-huit siècles de prédication, se réduit, en définitive, à la pratique facultative de l'aumône. Tout cet immense amour du prochain s'arrête de plain-pied et sans s'élever plus haut, au soutien exclusif de quelques hommes de la même communion essentiellement propagandiste : adeptes qu'ils n'ont pu même abriter contre les mécomptes et les misères d'une vie aussi mal comprise que mal coordonnée : et c'est en cela qu'on peut dire la charité chrétienne vaincue par le siècle. La Révolution française, en cela encore, a plus affranchi d'hommes des conditions de la pauvreté, que tout le passé du Christianisme. La Fraternité vraie? j'entends celle en dehors du cercle et des adhérences de la famille, la fraternité de dogme social et général? est une fraternité plus encore selon l'esprit de justice que selon la loi d'amour. Et ce n'est pas la faute de l'homme, si ses sens, et tout ce qui s'y rattache, n'ont pas plus de portée. Il n'est pas vrai que l'on soit frère de tout le monde par le cœur : on peut l'être par l'équité; où le sentiment défaille et nous abandonne, l'esprit heureusement nous saisit. La fraternité sociale, pour l'individu qu'elle pénètre, est le règne d'une haute raison : la dignité de l'homme en fait la base et en détermine les rapports. Et nous ne croyons pas cette fraternité là inférieure à l'autre, en outre qu'elle a sur celle-là l'avantage de l'étendue d'action et d'embrassement, comme tout ce qui relève de l'idée.

Pourquoi votre charité s'effraierait-elle de la nôtre, si elle ne lui était inférieure? Si elle ne traînait un pied boiteux depuis dix-huit siècles dans un reste des fanges de l'égoïsme? Vous acceptez deux classes, les heureux du siècle et les pauvres selon le siècle : nous n'admettons nullement vos distinctions, que nous considérons comme une exploitation indirecte du prochain, que nous sommes en volonté et en foi de faire cesser, Dieu et le bon droit aidant. On aura beaucoup à faire, dites-vous, pour obtenir le redressement de pareils griefs!... Je n'examine pas la somme de travail, je ne prends égard qu'à la quantité et à la qualité de justice à rendre. Les sociétés marchent et vivent longtemps : et les vérités subsistent plus longtemps qu'elles encore. Le Dieu du pauvre, dans la ligne des réparations possibles et des arrangements vicieux du monde, n'est pas celui qui l'engage à souffrir, mais bien qui sait lui faire rendre justice. Ce que veut le Révélateur, le Christ mythique et collectif français, depuis cent ans de philosophie, et un demi-siècle de luttes, de combats, de sanglants sacrifices, de dévouements sur toutes les croix, sur toutes les routes et dans tous les sentiers du monde, est bien simple, et peut se traduire par un mot : *Organisation de la Fraternité.*

Et c'est sur cette Institution et ce mot, que repose tout entière la Constitution sociale à donner.

Se prévalant d'un dogme religieux vague et incomplet, qui met les consciences aumônières fort à leur aise à l'endroit de leurs frères du peuple, nos hommes de scepticisme et de révolution politique, sont assez décidés à n'accorder au mot de Fraternité, écoutez leur langage d'endormeurs dans tous leurs ordres du jour, qu'une valeur de sentiment, qu'il n'a du reste jamais eue et qui ne mène à rien, où nous voulons, nous, une valeur d organisation : la seule véritable, la seule efficiente et qui puisse faire sortir ce mot souverain de l'acception stérile et illusoire, où on le réduirait avant peu à s'aller perdre tout entier. Dans l'ordre des rapports sociaux, Fraternité doit être le mot de justice humaine le plus moral et le plus élevé; ou ne signifie rien, et n'est qu'une déception de plus à ajouter à la langue politique qui en fourmille honteusement.

C'est ce qui fait que nous appellerons cette fraternité, la Fraternité Française, pour la distinguer de la Fraternité chrétienne, qu'on voudrait perpétuer, parce qu'elle est de soi-même stérile pour le peuple, et restaure logiquement, au profit de l'individu, l'ancien joug monarchique de droit divin.

Un penseur de beaucoup de mérite, en nous donnant un historique de l'avénement de la Bourgeoisie, posait dernièrement cette question sérieuse [1] :

« N'est-il pas vrai qu'il y aura toujours dans la société des apprentis, des ouvriers, des compagnons et des chefs d'atelier? »

Sans nul doute : mais au point de vue du travail social à réaliser et considéré isolément de toute autre fonction. Car on aura toujours à distinguer entre des directeurs de travaux, des administrateurs au choix et à l'élection d'une communauté, et des maîtres proprement dits. Des apprentis sont apprentis vis-à-vis du travail à réaliser, et non dans la vassalité nécessaire et obligée d'un patron; des ouvriers sont réalisateurs et ouvriers vis-à-vis de l'œuvre, mais non d'un entrepreneur exploitant : organisation du travail dont je reconnais bien l'existence actuelle, et tant qu'on n'a trouvé rien de mieux, mais comme un abus et une superfétation ruineuse à la fois, tant pour la main-d'œuvre que l'on marchande, que pour le produit de revient du travail, sur lesquels ces monopoleurs font d'onéreux prélèvements. Tout intermédiaire entre la confection et la consommation étant de soi-même une surcharge, il est logique que l'Association, un jour mieux entendue, en fasse disparaître autant que possible toutes les traces.

« N'est-il pas vrai que le sacrifice de l'Individu est nécessaire aux progrès de l'humanité, poursuit notre penseur? »

Sans nul doute encore; mais au point de vue d'une loi de généralité : c'est une conscription où tout le genre humain est décrété soldat, et passible de toutes les chances et tous les termes du sacrifice.

Entendu différemment, ceci équivaudrait à dire que la Société, par rapport à ses membres, continuerait toujours d'être dans une situation fausse : en d'autres termes, et en concluant des vices et non pas des vertus de notre nature, qu'il y aura toujours fatalement, organiquement des riches et des pauvres, des exploitants et des exploités. Ce qui serait désespérer, en définitive, de la morale humaine, et supposer le désordre servant de base au monde : conclusion que nous croyons loin de la pensée de l'auteur, noble et jeune moraliste, dont la belle âme témoigne d'un bout à l'autre de son écrit.

La terre et le soleil peuvent suffire à tout le monde. Le sacrifice, le dévouement qui est de loi humaine, ne doit pas plus peser sur une classe que sur une autre. Ne doit pas plutôt venir de l'ouvrier,

[1] *De l'Organisation du travail*, par Francis Lacombe, 1848.

du compagnon, de l'apprenti, du chef d'atelier, que de telle ou telle autre classification donnée, oisive ou active de la société : en tout égalité, égalité proportionnelle de charges entre des fonctions autres et relativement différentes; le riche n'est pas une espèce d'homme à part. Et d'abord, s'il faut le dire et choisir, nous sommes du parti de ceux qui souffrent, et non pas de ceux qui jouissent. Mais ce n'est peut-être pas là un mot d'homme d'État.

Impassible comme la Justice dans ses jugements, dont le caractère est de s'informer du droit à distribuer et non de la qualité des personnes, la Fraternité organisée ne reconnait pas de riches et de pauvres : elle reconnait seulement des richesses. Après cela peu importe, toutes conditions égales d'ailleurs, sur quelles têtes ces richesses reposent.

Au point de vue de la loi d'accroissement des richesses, ce qu'on appelle les Riches, ou l'accumulation possible du superflu entre les mains des individus, ne lui importent que tout autant que la fortune et l'accroissement du bien-être public s'y rencontrent simultanément. A quoi bon, en effet, une opulence individuelle qui appauvrirait la généralité, pour quiconque n'a pas en vue l'oppression et la dégradation de ses semblables? La loi de fraternité ne doit protection au riche, que dans la mesure qui importe à la richesse de la communauté. Là s'arrête tout l'appui qu'on lui doit; là aussi, la limite où lui-même doit s'arrêter dans son ambition et son accroissement particulier de riche.

Comme également dans la loi de progression décroissante, sur la ligne d'abaissement de la grande propriété actuelle, et des hérédités collatérales, que nous croyons très-susceptibles de réformes utiles, la Fraternité sociale, en portant son harmonieux niveau sur toutes ces conditions vicieuses de propriété, doit s'arrêter dans la proportion exacte et géométrique, où la société ne puisse absorber l'Individu ni la Famille. S'arrêter et suspendre son action nivelante au point précis qui fait la condition de sa personne collective, et consacre le respect de chacun de ses membres. Que le superflu soit franchement, énergiquement maintenu jusqu'au point où il alimente le nécessaire et fait le progrès. Car il est acquis à l'expérience gouvernementale de tous les temps, qu'où il y a suppression du superflu, le nécessaire ne tarde pas à manquer; qu'où il n'y a pas perspective et perpétuité d'ascensionner pour l'individu, la société s'écroule bientôt par ses fondements.

Sans aucun doute, le sacrifice de l'individu est inhérent à la condition d'homme, nécessaire au progrès et à la perpétuité de l'humanité : le genre humain vit presque tout de devoirs accomplis. Sans renouveler précisément le rôle odieux de Saturne (le Temps), il se maintient, s'alimente de lui-même et se régénère par le sacrifice. L'humanité est une sphère morale qui gravite incessamment sur elle-même dans ses mouvements de progrès et de translation, comme tout ce qui a condition de mouvement et de durée. Mais l'important, le tout, dont les conséquences nous pressent si rudement dans l'avénement de la Démocratie, qui remplace aujourd'hui la Bourgeoisie (car il y a deux naissances, deux avénements à constater), c'est de ne pas instituer ou continuer des vocations forcées. De ne pas jeter, ainsi que le faisait la société qui vient de tomber, l'accident comme loi dans la vie et la fonction du pauvre, l'égal de tous. De ne pas faire de l'homme un forçat du travail; travail dans lequel son choix, sa volonté, ses facultés propres n'entrent, la plupart du temps, pour rien. Je comprends l'homme de peau noire, rouge ou cuivrée; l'homme fatiguant la terre et l'arrosant de sueurs volontaires pour en arracher les trésors et les secrets, mais je ne comprends pas ce qu'on veut dire par nègre, par esclave, par prolétaire indéfini. Je comprends encore moins une société qui se sèvre volontairement des forces intelligentes et latentes qu'elle contient dans son sein. Je tends sérieusement à l'abolition du Prolétariat.

D'un autre côté, partir de la donnée que nous posons ici, pour supposer qu'il n'y aurait plus d'ouvriers dans la ligne obligée des durs travaux, et par conséquent d'accomplissement possible de la fonction humaine, serait se méprendre étrangement sur les instincts natifs de l'homme. La sueur et la lutte entrent dans nos destinées. Il est de loi, dans la nature de l'homme, de se prendre aux plus ardues difficultés, qui relèvent de la conscience de nos forces et peut-être y correspondent aussi, terme pour terme, dans l'ordre providentiel, depuis l'abstraction et la pensée, jusqu'à l'objet matériel et brut. L'homme se prend à tout, parce qu'il est une fonction, un agent de transformation. Il se livre à la poursuite de buts différents, parce que, bien qu'identique d'essence, il est encore autre et dissemblable, comme individu, d'une autre individualité.

Que l'ouvrier particulier des divisions de l'Art ou des divisions de la Pensée se rassure à cet égard : tout homme est une idée et a son lot. Il y a des existences, dans la série des fonctions humaines, qui s'attaqueront toujours et naturellement à la matière brute ou à la matière réfléchie; qui s'attaqueraient au globe du monde pour le changer de forme et d'aspect, si la pierre retournée au soleil venait à leur manquer. Chaque jour, chaque homme se lève, comme un géant, de sa couche de repos et de réparation, avec une somme de forces à dépenser; il s'additionne à ses pareils, sans que leur lien d'union soit toujours visible pour tous les yeux, et court à ce qui enflamme le plus son émulation de transformateur et de lutteur cosmogonique.

« Puisse l'histoire, disait le rapport éloquent du gouvernement provisoire de la République, séance du 6 mai, inscrire dans ses pages deux noms seulement : le nom du Peuple qui a tout sauvé et le nom de Dieu qui a tout béni sur les fondements de la République! »

C'est ce peuple-là, cet homme de tous les labeurs, de toutes les vertus, de toutes les fraternités, qui s'inscrit et se lève périodiquement chaque quinze ans, pour ajouter une lettre de plus à son nom, et qui nous autorise par sa glorieuse conduite à ne plus voir et ne plus vouloir que lui. Nous ne définissons point ici le Peuple. Nous ne lui donnons point son nom propre et particulier de Révélateur : il y a cinquante ans qu'il se définit et s'affirme suffisamment lui-même, pour que nous soyons dispensé de parfaire une démonstration nominale et une œuvre de rhéteur; nous croyons avoir quelque chose de plus utile et de plus urgent à dire de lui.

Comparaison. Le Christianisme, pendant des siècles nombreux, s'est avancé à l'abolition de l'Esclavage. Le Communisme, la Révélation française marche à l'abolition du Prolétariat.

Est-ce que frère en Dieu, comme l'entendait la transformation du monde païen en monde chrétien, frère selon la loi de Christ, voudrait dire moins que frère en humanité, frère selon les idées et la loi française? Non-seulement nous commençons à le croire, mais tout le démontre : par la raison bien simple, que la masse des hommes ne vit et n'agit pas, en effet, pendant le cours de dix-huit siècles sans enfanter d'idées, et qu'où le genre humain persiste, à moins de cataclysme cosmogonique, il y a nécessairement progrès.

Le Christianisme n'admet que l'égalité dans le Temple.

Le Communisme tend à la consacrer dans la Société.

Le Christianisme, en vertu de son dogme de révélation surnaturelle, de science divine qui ne saurait se tromper, en principe, exclut toute liberté d'examen; toute liberté de l'individu, qui ne se trouverait pas en harmonie avec le Dogme universel, ce qui est conséquent et vrai jusque-là, mais quant au dogme exclut également toute liberté d'examen. Ce qui est l'aveu de la plus grande faiblesse; ce qui est déclarer Dieu, implicitement au-dessous de l'intelligence et des puissances de la raison humaine : le plus grand blasphème que puisse proférer une bouche humaine à l'endroit d'un dogme révélé.

La Révélation française, le Communisme, au contraire, appelle cette liberté, cet examen de partout : Dieu n'est grand, en effet, pour l'acceptation de l'homme, que tout autant qu'il prend, pour base et pour culmen, l'ensemble de la connaissance humaine. Tout dogme religieux ou politique qui laisse en dehors de lui quelque chose qui le juge et le dépasse, est de soi-même infirme et petit.

L'un se contente d'une fraternité toute de sentiment, qui ne peut avoir lieu, en réalité, que dans le cercle des sympathies de la Famille et des amitiés particulières, où la métaphore chrétienne, dont on a prétendu faire une législation, a été puisée il y a bientôt deux mille ans. Métaphore inadmissible, langage parabolique inefficace et un vain étalage de mots, dès que le Christianisme en est venu à l'appliquer à la société : car c'est alors que, comme dans toute analyse de termes, se révèlent les différences de deux choses comparées.

L'un se contente, disons-nous, d'une charité humaine, toute de recommandation verbale, toute de précepte facultatif; se traduisant par des devoirs individualistes, des attendrissements intermittents ou passagers, qui prennent l'émotion pour base dans leur manière de s'accomplir.

Dans celui qui donne, comme dans celui qui reçoit, le Christianisme sacrifie continuellement la dignité humaine : car l'esprit d'aumône n'est pas de toutes les heures, comme l'est l'esprit de justice. L'humilité, qu'on pourrait aussi bien appeler l'humiliation, le désespoir de soi-même, fait le fond de tous ses préceptes.

L'autre, au contraire, tend à la réhabilitation de la dignité humaine de tous ses efforts.

Qui ne s'apercevrait, en définitive, qu'on aime moins l'homme avec des capacités de *dogme révélé*, que nous l'aimons, nous, avec des capacités de *dogme organique* ou physiologique, de dogme Français ?

L'un reconnaît le nécessiteux et l'homme gorgé des biens de ce monde. Il n'a pas même effacé entièrement la caste contre laquelle il s'était levé.

L'autre ne comprend pas la dépendance de l'individu vis-à-vis de l'individu, l'exploitation d'un frère par un frère; il entend que les rapports d'homme à homme soient avant tout une justice, une équation de l'être dans les conditions et les proportions de chacun : le sentiment ne marche pour lui qu'en seconde ligne.

Ici la Fraternité est justice, organisation, institution : elle oblige tout l'homme et toute sa chose. La Fraternité est sociale, en un mot. C'est-à-dire qu'elle tend à se déposer et s'étendre jusqu'à ses plus extrêmes limites, dans les plus intimes constitutions de la société, à se manifester au jour de l'examen et de la justice, dans des proportions et des actes aussi grands, aussi saints que leur source.

D'où cette autre charité ou fraternité humaine tirerait-elle le droit d'étouffer une fraternité plus élevée qu'elle, ou de prendre le pas sur elle? De l'excellence de sa morale peut-être?

V. **Problème à résoudre dans les termes de la Morale.**— Morale révélée ! qu'est-ce que c'est que cela? Est-ce que Dieu a jamais tenu fabrique de morale au jour le jour, ainsi que l'entendent les partisans de la souveraineté de droit divin?... Les bases de la morale sont immuables : parce que c'est une législation, comme celle du monde, et qu'elles ont été données avec lui. La morale est éternelle, comme son auteur; perpétuelle, comme l'ordre des rapports dont elle découle.

Cette théorie de la morale révélée, telle que nous l'offrent certains systèmes de philosophie religieuse, cette providence au jour le jour, cette justice au siècle le siècle, n'est pas plus forte de bon sens, que la théorie d'application d'un beau ou d'un mauvais temps providentiel aux actes humains. Que la consécration des regards d'un ciel louche ou droit et favorable de vision, tombant à plomb sur nos fêtes républicaines ou monarchiques : c'est pitié vraiment que cette science-là !

La physiologie ou loi physiologique est la conformation organique de l'être, par voie de destination à la fonction qu'il est, en tant qu'espèce et qu'individu, appelé primordialement à remplir. Les mœurs et moralités sont le rapport nécessaire de cet organisme et de cette fonction, ayant la nature de l'objet posé comme thème ou comme but d'activité. Hors de cette proposition il n'y a que nuages, sophismes, erreurs philosophiques de toute nature. La liberté de pouvoir refuser la fonction, dont on se targue au delà de toute mesure, et qui existe réellement chez l'homme, n'est point une objection qui emporte la règle ; nous n'avons point à nous en occuper ici : il n'est pas de notre sujet de traiter du suicide moral et physique.

Que parle-t-on de révélation, de morale révélée ? Il y a bien ici une autre révélation vraiment et une autre morale dans la Nature, contemplée sous son aspect de loi de destination, de fonction, de création. Bien autre chose que cet élément de certitude précaire, dont on fait honneur à tel ou tel individu déifié par les hommes ou déifié de sa façon. Aussi n'hésiterons-nous pas à opposer à la loi dite de Révélation, la loi de Création, à l'ère Chrétienne l'ère Française.

La morale est engendrée du rapport, elle en est l'expression. Celui-ci préexiste à celle-là : car, où serait la morale sans sa cause efficiente et l'appréciation humaine qui la suit ? C'est ce qui nous fera toujours refuser la morale, pour si pure qu'on la suppose, comme *criterium* de certitude. La sanction des actes humains est dans les éléments de l'autorité de l'être une fois donné. C'est une grave erreur, quand toutefois ce n'est pas un sophisme d'exploitation sacerdotale, que d'aller chercher cette sanction en dehors de la normalité des rapports physiologiques qui constituent l'humanité. C'est comme si l'on cherchait la raison suffisante d'une forme et d'une combinaison chimique, ailleurs que dans les éléments qui la donnent. La morale est pure, la morale est vraie, comme essence ; la morale est telle chez l'homme, en son espèce, et non pas autre, parce que si rien ne vient déranger les combinaisons et résultats de sa nature propre, elle sera, pour ainsi dire, cristallisée dans ses actes, fixée selon certaines formes déterminées appartenant au type de l'homme, comme le sont les prismes, les pyramides, les cubes, etc., des matières cristallines et métalliques parmi les corps inorganiques. La multiplicité des combinaisons, selon un certain type de liberté, n'est point une objection sérieuse, ailleurs nous le ferons voir. L'humanité, qui est son propre révélateur, est encore à soi-même son propre dogme de morale, et n'a besoin que de se recueillir et se consulter en elle-même pour s'en convaincre et dégager l'oracle. La morale n'est pas plus enseignée directement de Dieu que la parole, que le Croissez et multipliez, que l'Unité humaine, que la Souveraineté du but humain. Elle est donnée par la loi primitive des existences, et implicitement contenue en elles, à la condition et avec la faculté de développement, comme la faculté de procréation, comme la parole initiale, avec son appareil de voies laryngiennes, placées sous la direction de l'organe de l'audition, du *mens* cérébral, etc.

On a dit qu'il y avait absence de sanction où il n'y a pas révélation.

Et de là on voit ces partisans d'un principe éternellement faux, s'avançant, par la force inévitable du principe logique de cette prétendue morale révélée, à la prétendue parole révélée, à l'égalité révélée, à la fraternité révélée.... Et sans doute aussi, en enfilant ce chemin des révélations surnaturelles dans toute sa longueur : à la peinture, sculpture, musique, danse, gymnastique révélées, car tout cela c'est également de l'homme. Or, il est avéré par le fait, que si l'homme est une chair animale, il est aussi une idée, un art, une fonction au plus haut titre ; et qu'il n'est pas plus difficile de conclure ici qu'il est encore une morale, par cela seul qu'il raisonne sur les fins et sur le mobile de ses actes. Et que c'est par tous ces arts et toutes ces moralités que nous regardons, nous, comme issus directement de la loi de conformation de l'homme, et des choses sur lesquelles il est destiné à agir, que la société se développe et se symbolise de temps immémorial.

Il n'y a rien à tirer, si nous avions le temps de le faire voir ici, d'un système de révélations surhumaines, pas même la sanction d'une morale : thème obligé sur lequel se sont toujours rabattus les admirateurs un peu conventionnels de la morale incomplète des évangiles, pour peu qu'on en vienne à les presser sur les vices du dogme et les inconvenances physiologiques du système entier.

Les Chrétiens orthodoxes, qui tuaient les Ariens dissidents au nom de la prétendue divinité du Christ, d'un anthropomorphisme non moins odieux qu'ignorant, et non à cause de leurs crimes antisociaux et trop réels, sont une preuve flagrante de l'immoralité qui gît au fond de cette morale soi-disant révélée. C'est dans la nature de l'homme et de ses rapports qu'il fallait chercher et prouver les bases d'une morale sainte et vraie, en vertu de laquelle on eût été alors autorisé, en droit, à réagir contre l'Arien qui niait être le frère de tous les hommes. Tels sont les termes vrais du problème à poser et résoudre pour la morale.

Quiconque croit à la morale révélée, n'a pas dépassé en théorie sociale le cercle de l'individualité, en constitution civile ne croit pas à d'autres mobiles instinctifs que ceux de l'individu, considéré isolément de son espèce. Il n'y a qu'association pour ces hommes de législation bâtarde, contrat, agrégation facultative et momentanée, et non point société naturelle et native, société inhérente à la forme, à l'éducation et destination organique de l'homme. L'intérêt personnel, en définitive, est le véhicule de toutes choses pour ce monde-là. Instincts, dans ce cas, foncièrement dépourvus d'attraction sympathique et de valeur de sentiment. Rapports égoïstes par essence, engendrant l'antagonisme immédiatement, et tout à fait incapables de morale vraie par nature, quelle que puisse être d'ailleurs l'apparente philanthropie des préceptes, le fond l'emportant toujours sur la forme et le luxe des accessoires. Pour un pareil législateur, l'homme n'est pas né *trois*.

Plusieurs publicistes et philosophes libéraux de nos jours, qui ne sont pas d'ailleurs dépourvus d'un mérite vrai et d'une réputation méritée à d'autres titres, en sont pourtant encore là, sans se l'être jamais bien défini. C'est une des branches de la théorie de l'individualisme, que ces écrivains exploitent aveuglément, tout en croyant avoir modifié l'arbre lui-même tout entier, au nom des dévouements et des devoirs sociaux qu'ils proclament hautement. Après cela, comment s'étonnerait-on des conséquences ? L'homme étant incapable d'engendrer par lui-même autre chose que la morale de ses appétits, selon eux, il faut bien, de nécessité, qu'au secours de l'homme arrive alors la morale révélée, s'il veut en venir à former la moindre des associations juridiques : toutes conséquences partent des prémisses, en logique.

Le Christianisme, qu'est-ce ? L'homme-individu ou tout au plus la famille se rattachant à Dieu, à l'Universel, sans ses intermédiaires et ses procréateurs obligés : j'entends par là, sans la société humaine naturelle, sans le cosmos astronomique ou la société des sphères sidérales, dont relèvent et sont visiblement émanées les sphères ou existences organiques secondaires : sans ces hautes et puissantes existences procréatrices d'individus et de fonctions, supprimées d'un même coup sur nos têtes et sous nos pieds. Ou gravitant tout au plus, aveugles et insensibles comme de la matière brute entre l'homme et Dieu, sans songer qu'il faut un lien intermédiaire entre l'extrême grandeur et l'extrême petitesse, même dans les hiérarchies de la pensée. Qu'est-ce que tout ce système scientifique étrange ? La formule ignorante, mais ambitieuse, d'une vérité cosmologique mal apprise ou mal conçue, que les catholiques n'ont pas craint d'appeler depuis du nom auguste de science et de révélation directe de Dieu ; science dont ils se sont proclamés les conservateurs de choix et d'institution divine.

Une réflexion vaste, immense, dont ce n'est pas ici le lieu de satisfaire l'essor, mais dont nous ne saurions non plus laisser passer le trait, sans le faire remarquer, se présente à ce sujet. Si la Révolution Chrétienne a pu primitivement tant de choses ; si, d'un côté, avec les nations vaincues à débarrasser du joug oppresseur de leurs patrons italiques; avec la condition donnée de l'esclave romain à relever de son abjection, et un homme de dévouement, mais d'obscurité pour tout moyen ; avec un prolétaire tendant à rétablir les droits du genre humain , et qui bégaya son rôle pendant trois années seulement d'équivoque prédication , on est parvenu à créer et compléter, tant bien que mal, un mythe d'affranchissement de l'Esclave. Si l'on est venu à ourdir, dans les ténèbres de la crypte romaine, une trame du salut du monde; une religion chrétienne, pour la nommer de son nom mystique et merveilleux, comment avec l'élément de nos dévouements modernes, avec notre couronne d'un million de martyrs, n'obtiendrait-on pas davantage ? N'arriverait-on pas à l'abolition radicale du Prolétariat?

Comment n'y parviendrait-on pas, disons-nous , avec un grand peuple révélateur, permanent, progressif; qui peut bien mourir dans la personne de chacun de ses membres, mais non dans son ensemble, mais non dans son esprit. Comment un athlète formidable, qui a embrassé tous les genres de lutte, donné tous les exemples de dévouement, tous les gages de sacrifice possibles, pour l'établissement de sa révélation et de sa foi ; qui ne livre point ses dogmes à l'interprétation ignorante ou arbitraire d'autrui, mais qui les étend, les développe, les complète, les applique chaque jour, et se fait à soi-même ses propres langues de feu ; comment un révélateur multiple et multiforme, qui n'attend point qu'un corps d'apôtres et d'adeptes pénibles, mette trois ou quatre siècles à se former et s'enrégimenter lourdement, confusément, pour imposer ses doctrines au reste de la terre : mais qui se présente maître et disciple à la fois, tout grand, tout armé, tout révélé, pour vaincre partout où agira et se transportera sa foi ; qui offre comme entraînement et moyen irréfragable de raison et de conversion , l'exemple de son propre bonheur et de sa propre dignité au monde ; comment un peuple législateur, pourvu d'une aussi grande puissance de devination et de moyens d'action, ne parviendrait-il pas à affranchir les classes laborieuses de tout joug étranger? Je dis étranger à la vocation et au choix libre de chacun dans l'emploi de ses forces, de son intelligence et de ses dévouements à la société : ce serait donc un véritable manque d'audace, ou pour mieux dire de science dans l'idée ?

Tout porte vers cette considération dernière. Si l'on y prend garde, en effet, tout gouvernement, de quelque dénomination politique qu'il s'intitule, n'a encore eu jusqu'ici, pour jalonner sa route de justice et de probité distributives, qu'un code de maximes à son usage. Code, il faut bien en convenir, dont il a de tout temps été facile à l'esprit d'empiétement d'abuser; au caractère naturellement ambitieux et personnel des corps constitués, de tourner les dispositions conciliatoires, au moyen d'interprétations forcées contre les gouvernés, en faveur desquels ces mêmes maximes de droit commun avaient été en partie faites; de les tourner contre eux-mêmes, en définitive, puisque ç'a toujours été le côté par lequel tous les gouvernements oppresseurs et infidèles à leur mandat ont péri. Voyez en France, où, chez les gouvernés, le sentiment du droit et du devoir est déjà si profond, voyez les vingt gouvernements tombés à la même place, les uns après les autres, les uns sur les autres, depuis à peine cinquante années.

Aujourd'hui plus que jamais, le siècle réclame de toutes parts et de toutes ses voix, une science sociale : et c'est encore de la France, terre généreuse de pensée et d'action, qu'il l'attend. Une science législatrice, où gouvernants et gouvernés, individu et société, familles grandes ou petites d'empires, sur toutes les échelles et sous toutes les zones, puissent lire aisément, lire à toute heure, leurs devoirs et leurs droits réciproques. L'intelligence, comme la possession morale du monde, sont à ce prix.

Comme Code de lois positives, certes, on n'aura pas à reprocher ici, que ce soit un médiocre avantage d'ordre et de justice distributive, que de prendre pour base et procédés d'une législation humaine, les fondements mêmes de la loi de création, ou ce qui fait que l'individu et l'espèce sont ce qu'ils sont dans les desseins de l'universel, dans l'ordre de leurs destinations, fonctions morales et physiologiques respectives? Il n'est, certes, aucun principe au-dessus de celui-là, ou qui puisse même lui être comparé : je n'en excepte pas même la loi plus qu'équivoque et tout exceptionnelle de la révélation.

Pour ramener ici l'idée et le mouvement du point de départ de notre opuscule, et de notre démonstration sur le besoin d'une organisation de la Fraternité, quel procès vaste et mérité n'est-on pas autorisé à faire aux deux grandes et premières phases révolutionnaires, République et Empire ? Comment ne pas leur crier, du haut de ces mêmes besoins politiques et sociaux, dont cinquante ans ont accru l'intensité, qu'un homme a manqué ?

Partant du programme moral et politique, émis par la Révolution française, à titre de révélation, de testament émancipateur des peuples, car il faut bien ici nommer les choses par leur nom, quel corps permanent et fonctionnant, quelle église, pour me servir ici d'un mot qui donne à comprendre le côté organisateur de ma pensée, puisqu'il s'agit ici de disputer de supériorité d'institutions, quel sacré collége, quel institut national, dogmatique, universel, ont-ils constitué de toutes ces choses? Où est le monument social, religieux, civilisateur, régénérateur, sorti de leurs mains, qui subordonne tout à son action médiate ou immédiate?

Se sont-ils douté, pour la plupart, qu'ils possédassent avec cette magnifique révolution, depuis les plus simples règlements de police de la Cité, jusqu'aux dogmes les plus élevés d'une religion nouvelle et supérieure à toutes celles qui l'ont devancée? depuis le sel et le poivre à desservir sur la table du pauvre, jusqu'au pain de la communion et à l'idée cosmologique à partager avec l'auteur de toutes choses? Rien de tout cela. Cuvier ou Alexandre de Humboldt ont cent fois plus découvert et fixé d'idées, en matière de cosmogonie ou d'anatomie comparée, que tous ces docteurs couronnés en science de l'homme et en construction de gouvernement prétendu démocratique. Et cependant l'un n'offrait pas plus de difficultés que l'autre : seulement il y fallait du génie, d'abord, et une oreille pratique et dévouée, qui laissât pénétrer jusqu'à la conscience, les inspirations et devinations du Peuple, ce grand expositeur et promoteur de toute espèce d'idées, parce qu'il est aussi passible de tous besoins.

Après cinquante ans de tâtonnements et de fluctuations de toute nature, la France en est réduite à s'entendre dire à la face, par des sophistes politiques éhontés, qu'il n'y a de souveraineté et de liberté dans les masses, que celles qu'il plaît aux gouvernements constitués de leur laisser ou de leur octroyer [1].

[1] Mot historique d'une célébrité politique de nos jours.

Je comprends très-bien, qu'avec l'idée préconçue de tromper ou d'exploiter les générations, au profit de telle ou telle ambition personnelle, on ne s'embarrasse guère de ces distinctions et créations, prétendues métaphysiques pour beaucoup de monde : on serait obligé, tout le premier, de se courber sous leur joug, comme une probité politique et un sujet de plus de leur autorité inflexible; car le programme révolutionnaire de 89-93, et le dogme social qui en pouvait naître presque immédiatement, ne rendait pas seulement possible l'appréciation du mérite relatif ou absolu de tout gouvernement du passé; mais encore de toute institution et de tout gouvernement du présent, qui entreprenait de le réaliser, en rapprochant ses actes des termes mêmes de la condition qui l'avait créé. Les choses non définies ou laissées dans le vague d'une interprétation élastique, conviennent bien mieux. Napoléon lui-même, n'éprouvait instinctivement tant d'aversion pour ce qu'il appelait l'idéologie ou la vigueur de pensée, que parce qu'il sentait, au fond, qu'il y avait là-dedans quelque chose qui le jugeait. Un dogme qui pouvait, dans un conflit à armes et génie égal, repousser victorieusement une partie de ce qu'accomplissait actuellement le grand homme, qui croyait pouvoir noyer toutes choses et toujours, dans le mérite d'une action transcendante et les flots d'une activité *quand même.*

J'en dis autant de la République qui précéda l'Empire. Qu'agent d'une grande époque et d'une grande nation, on ne voie point toutes ces nécessités-là dans la constitution administrative d'une cité; qu'on se préoccupe fort peu des lois du phénomène humain; que la loi de création de l'homme et des sociétés, ne soit qu'un mot vide ou gonflé, pour certains cerveaux qui ne le sont pas du moins eux-mêmes de méditation : à la bonne heure. Mais alors, pourquoi se charger de mener à bonne fin les destinées d'un grand peuple ? Les fautes d'ignorance, d'absence de conception, pour les gouvernés et constitués, en fin de compte ne se payent pas moins cher que celles du mauvais vouloir ou du détournement des droits de tous. On se range alors, tout bonnement, dans la catégorie révolutionnaire de ce scientifique Bailly, de tempérament si excellemment girondin, qui ne comprenait pas qu'on pût vouloir étudier et déduire, comme Képler, les sciences positives et d'observation, des plans et de la science de Dieu. On rasseoit les empires nouveaux à créer, sur leurs anciens fondements; et soi-même, tôt ou tard, on porte sa tête, toute pleine de choses médiocres, sur l'arène d'un Champ-de-Mars, ou le pavé d'une place de la Révolution ; ou encore, bien que sorti de pair et de comparaison à tant d'égards, on s'en va expirer sur la lave refroidie de quelque Sainte-Hélène, laissant des tempêtes et de nouveaux bouleversements à son pays, que l'on pouvait constituer en véritable législateur.

Constitutionalisme. Comme il y a un philosophisme qui n'est pas la philosophie véritable, un théologisme qui n'est rien moins que la vraie théologie, il y a aussi un *Constitutionalisme,* partage ordinaire de l'esprit besogneux et médiocre de toutes les révolutions politiques, qui n'a jamais été le véritable génie des constitutions : celui-ci splendide et plein d'entraînements, avons-nous dit encore. Création durable et féconde en prochains comme en lointains résultats, qui peut toujours prendre à témoin de ses œuvres Dieu, la Nature et l'Homme, parce que c'est à une époque donnée de progrès et d'humaine civilisation, la formule scientifique, sentimentale et affirmative de leur étude palingénésique, l'unité de leur triple conception, réalisée en un Code de législation unique. Tel est, disons-nous, le véritable génie des constitutions et des civilisations, ainsi qu'au besoin je me réserve de le démontrer à mon pays.

Les constitutions ne consacrent pas seulement que des idées acquises, des opinions reçues, des événements accomplis ; que des conquêtes de myope, et d'un pied mis l'un devant l'autre. Une révolution qui n'a la prétention de rien innover ou inventer, est par trop modeste : tant de millions d'hommes ne se mettent pas en mouvement pour si peu. Où est le peuple, je vois toujours un pied et un pas de géant. 89 ne s'est pas levé fougueux et formidable ; 92, jeté indomptable et terrible en avant de 89 ; 1800, foudroyant et invincible; 1830, 1848, toute cette avant-garde de précurseurs, de plus en plus explicites, ne s'est pas levée haletante d'espérances en février, pour une simple constitution d'enregistrement, pour un pur changement de formes et de notaire. C'est comme si, tourmenté d'avenir et d'action, après m'avoir demandé d'où je viens, je ne pouvais répondre où je vais. Il y a une pensée, un but, une méditation en avant de tout cela, dont le grand fait de février, qui traîne encore un pan de son manteau de souverain dans les carrefours de la grande ville, en jetant l'autre en avant de soi, comme ferait un personnage expressif des tableaux de Michel-Ange ou de Raphaël, suspendu sur son action, n'est, en bonne théorie de révolutions, que la moitié la moins considérable. Une constitution ne consacrant que des idées faites et interprétées de tout le monde, serait un sûr moyen d'être usée le lendemain. Qui n'invente, ni ne découvre dans un mouvement révolutionnaire donné au delà du fait accompli et donné; qui n'imaginerait rien, placé au sommet d'un événement où deux sociétés, plutôt de nuances diverses que de génie différent, se heurtent et demandent à se concilier et à se fondre en un seul bloc; celui-là, disons-nous : toutes nos constitutions politiques déchues ne l'ont que trop prouvé jusqu'ici; posera tout au plus une pierre d'attente pour d'autres orages, d'autres révolutions, que le véritable génie des constitutions sait éviter : du moins pour un long temps. Il n'y a au monde, capables de demeurer satisfaits d'une constitution uniquement de forme politique, que ceux qui pensent, par une science optimiste et inaltérable de raisonnement à eux, que le chiffre mathématique de plusieurs millions de votants, doit nécessairement aboutir aux mêmes chances et combinaisons de multiplication des nombres, que les bienheureux deux cent cinquante mille électeurs que vous savez. Ne dérangeons pas le monde, laissons les dés tels qu'ils sont ou tels qu'on les voit.

Toute théorie de suffrage universel, répéterons-nous, amène de nécessité logique la loi d'acquiescement universel et de morale distributive, telle que nous l'avons définie; c'est-à-dire une série de lois organiques et d'institutions que nous avons nommées du nom de constitution sociale et d'organisation de la fraternité. Ou ce suffrage universel, privé de ses développements moraux et intelligents obligés, n'aurait apparu un moment dans le monde, que comme un leurre de plus jeté à la tête des peuples; attendant son saltimbanque couronné et son tour d'escamotage, pour disparaître bientôt, comme tant d'autres, de la charte des nations, et demeurer enseveli dans la conscience seulement de quelques-uns, qui en auraient entrevu la possibilité de réalisation au passage.

ENVOI.

Citoyen exempt de préjugés, mais dévoré de la soif de bien faire et de venir en aide à la République, dans ses laborieux enfantements, comment y pourrai-je parvenir?

Dans la situation actuelle des choses de mon pays, où tous les esprits, échauffés d'impatience et de mouvement, courent à l'expédient, sans s'arrêter, sans avoir le temps de rien creuser, sans partir toujours d'une idée dans les choses de législation et de gouvernement, et se donner le loisir qu'elle apparaisse.

Dans ma position personnelle, d'un autre côté, porteur d'idées préconçues, architecte d'un plan d'élévation d'édifice démocratique, arrêtés dans le calme et la solitude de la méditation; et comptant aussi sur la méditation et le recueillement pour être examiné et apprécié, aucune minute, aucune disposition naturelle de part et d'autre ne nous resterait pour nous entendre et nous concilier.

Auteur d'une philosophie de la première Révolution, que les profanateurs disaient sans signification morale dans le monde, Phidias d'un bronze national qui a reçu ses formes, s'est coulé et refroidi dans ses moules propres, ou ceux que je lui ai préparés, je ne saurais cependant briser ce moule et ces formes, sans anéantir tout le travail du penseur et de l'artiste : et, ce qu'il y aurait de plus fâcheux, sans lui enlever tout l'à-propos et le mérite de ressemblance et d'application, qu'il peut avoir avec les choses du présent.

Je ne puis que me dérouler parallèlement à la Révolution de 1848. Mettre en regard notre immortalité d'autrefois, et notre immortalité d'aujourd'hui; la philosophie que j'ai cru voir, ressortant de nos actes de 1789 - 1800, et la philosophie que nous allons faire et développer avec 1830 - 1848; les œuvres que la République nouvelle va entasser sur l'œuvre titanique de nos devanciers.

Les Institutions, qui nous ont semblé manquer à notre première Révolution, et que nous avons en vue, étant une déduction du phénomène humain, de la science de l'homme et des milieux où il fonctionne, nous ne pouvons les donner séparées des découvertes de toute nature, que, pour nous, ces études opiniâtres et consciencieuses ont amenées à leur suite : nous n'y consentirions jamais. Je ne puis pas isoler mes applications, des convictions que ma philosophie nouvelle doit amener; ce serait enlever à celles-là leur toute-puissante force. L'homme et les choses, selon nous, ont besoin de se réapprendre. La réforme française, qui a fait l'étude d'une partie de notre vie, porte sur l'ensemble de la connaissance humaine, et ne peut être quelque chose, et en finir avec ce qui lui fait obstacle, qu'à la condition d'enfanter une Science *Une :* la *Grande Science* ou Science expérimentale de l'Unité, ainsi que nous avons nommé et conduisons à fin celle qui nous occupe, et ramènera toutes choses de la connaissance humaine, au foyer d'un principe unique; principe d'ordre cosmologique et de Science positive, supérieur à tout ce qui l'a précédé.

C'est au Représentant du Peuple, dans le peu que nous venons d'exposer, d'accepter ce qui lui pourrait convenir, de rejeter ce qu'il ne croira pas à son usage.

Nous n'ajouterons que quelques mots, et une dernière idée à ce mot d'envoi.

Des lois dites d'Organisation et d'Institution, de rapport purement humain, et telles que nous venons d'en donner un très-faible aperçu, la Cité ou la sphère de la société, s'élance sur un plan plus élevé, celui du symbolisme et des rapports cosmiques, où elle rencontre les lois de création particulières à son globe et aux existences sidérales, avec lesquelles elle s'harmonise d'entente et de législation. De ce plan supérieur, la sphère humaine monte encore à l'Unité Suprême, où elle rencontre les lois de l'absolu, comme type, modèle et fin de tout; et en prend ce qui peut être en rapport avec son type propre, avec sa nature d'existence inférieure et contingente.

Ainsi, pour nous, l'essence de la Société civile et politique est :

1° De se réfléchir elle-même ou réfléchir ses membres dans ses constitutions organiques et totales;

2° De réfléchir le monde astronomique;

3° De réfléchir enfin l'Universel ou Dieu. La société est morale, idéale, symbolique à trois titres ou degrés progressifs différents. C'est ce qui fait la grandeur intelligente et constitutive des peuples, quand ces trois degrés y sont organisés et développés dans les mœurs nationales, avec leur importance relative; ce qui fait, au contraire, l'infériorité comparative de certaines agrégations d'hommes, quand il leur arrive que quelques-unes de ces conditions de l'être politique et social se trouvent négligées, ou même supprimées en entier.

Sous l'empire de la Loi de Création, *Communisme* ou socialisme est le plan politique de la cité moderne; — *Symbolisme* ou universalisme, son plan cosmique; — *Unitéisme*, son plan religieux. L'harmonie trinaire, en un mot, de la société humaine avec l'ensemble des êtres.

Communisme, mot résumateur ou qui nomme les bienfaits de l'Institution et de l'Organisation, contractés dans un même type d'exécution, communisme, disons-nous, dans l'ordre physiologique, est le nom de la Loi de Création, appliquée aux intérêts individuels et sociaux de l'homme, et le premier degré ascendant des législations de la cité. Une sorte de symbolisme inférieur de la Société, en tant que celle-ci s'individualise et se fait corps vis-à-vis de ses membres.

Symbolisme, dans l'ordre cosmologique ou astronomique, notion plus élevée, est le nom de la même loi vis-à-vis des rapports de l'homme et des sphères sidérales, et le second degré ascendant des établissements de la cité.

Unitéisme, enfin, est le nom générique et d'ordre théologique, exprimant les rapports transcendants de l'humanité et de Dieu ou la Suprême Unité: loi d'identité proportionnelle et de haute société, stipulant à la fois ses ressemblances et ses différences. Loi de création, étudiée, constatée, suivie partout par nous, dans les trois ordres de manifestation de la pensée éternelle. Loi parfaitement applicable, dans la mesure qui nous concerne, à la société des hommes, à la direction des choses du monde actuel.

Toute Constitution de peuple libre, au point où la civilisation est parvenue, serait un œuvre essentiellement incomplet, étroit, faux et privé de l'élément de durée, qui n'émanerait pas directement d'une science de l'Homme, d'une science du Cosmos, d'une science de Dieu, fondues, toutes trois, dans la combinaison d'une créatrice et puissante unité législative.

FIN.

NOTE RAISONNÉE

SUR

LA THÉORIE DE L'IMPOT PROGRESSIF.

« .... Chacun partout doit avoir le nécessaire sauf, avons-nous dit à la page 103 de notre opuscule sur l'Organisation de la Fraternité.

» Egalité du nécessaire est cette dernière matière imposable, au point de vue de l'économie de la cité; c'est-à-dire imposable seulement dans des besoins publics et momentanés, où le prélèvement de l'impôt sur l'aisance et le superflu ne saurait suffire. »

— Dans l'ordre des choses d'économie politique de la cité, propre à garantir le nécessaire aux classes laborieuses, actuellement écrasées de charges de toute espèce, il n'y a, du reste, qu'une réforme à opérer : mais qui comprend en soi toutes celles du même genre, à savoir, changer en Impôt progressif l'iniquité immorale et criante de l'Impôt proportionnel. Nous reviendrons sur cette question, par forme de note courante et raisonnée, plus encore pour susciter l'examen et les idées d'autrui que pour fixer les nôtres, qui voudraient un autre champ.

Ce n'est point ici le lieu, pour nous, de jeter un coup d'œil étendu sur les nouveaux et grands pouvoirs qui doivent ressortir de l'institution de la Loi de Création dans la cité; cette loi, avons-nous dit, qui seule peut amener l'acquiescement du plus grand nombre au règne de justice et d'autorité de l'être, tel qu'il est fait et donné par ses destinations originelles : nous ne marchons point à l'induction de notre pensée. Ce n'est point l'endroit non plus, de déterminer les rapports à maintenir entre l'institution spéculative de la souveraineté du but, et l'organisation active et pratique de la souveraineté du peuple : problème de premier degré, comme on le dit des vérités mathématiques; institutions transcendantes d'une constitution nouvelle de société à déterminer, et que nous ne saurions exposer ici sans sa philosophie démonstrative et préalable. Nous franchissons d'un bond la lacune immense d'une série d'institutions, pour arriver, de prime saut, à ce qui peut se déduire immédiatement des quelques principes définis et posés dans le précédent opuscule, c'est-à-dire à la nature de l'impôt ressortant de l'organisation civile de la fraternité. Nous réduisons, pour le moment, ce large cadre d'idées ayant toutes la solidarité humaine pour point de départ et pour but, à la simple proportion d'une mesure fiscale et d'un expédient de perception d'impôts; mais peut-être non moins nécessaires dans l'espèce que toute autre réforme, et commandés à l'égal par les embarras de la situation présente. Nous nous contentons d'indiquer par cet embryon de notre pensée, ce qu'on est en droit d'attendre de son entier développement.

Dans un procès politique que j'eus à soutenir, en 1833, en cour d'assises, comme membre du Comité de la Société des Amis du Peuple, pour une brochure sur la misère du peuple, à l'apparition du choléra, écrite de compte-à-demi avec Godefroi Cavaignac, je saisis l'occasion d'émettre quelques idées sur le caractère et l'établissement de l'Impôt progressif : aperçus qui déterminèrent des objections sans valeur dans la Chambre des Députés de la part de MM. le général Demarçay, de Rambuteau, de Corcelles et autres, excipant, comme il en arrivera toujours, bien plutôt de la difficulté de perception de l'impôt, que de l'injustice et de l'invalidité de son principe.

Armé de son long exorde de souffrances humaines, que personne ne pouvait nier, ce Discours, qui se terminait par une péroraison purement fiscale, eut un grand retentissement dans toute la presse.

Après avoir, par des preuves de chiffres et des détails sans réplique, donné le budget détaillé des charges et des dépenses de l'ouvrier, des impôts reversibles sur lui, etc., après avoir mis résolument le doigt dans toutes les plaies morales et physiques du prolétaire, sans le vulnérer ni l'offenser, car c'était une main amie, et en avoir montré toutes les sanies, l'auteur du discours entrait en matière sur l'impôt progressif, qu'il présentait, non comme une panacée universelle : en toutes choses, je suis d'une trop haute bonne foi pour avancer une pareille assertion; mais comme un adoucissement à tant de misères. Je disais aux jurés, en relevant le patient tout saignant et résigné, qui venait, pour ainsi dire, de servir à nos communes expériences et démonstrations, je disais (nous citerons ce fragment et ces douleurs du pauvre tout d'une haleine, pour leur laisser toute leur force) :

L'IMPOT PROGRESSIF?..... Qu'est-ce que l'impôt progressif, Messieurs, dans son acception la plus étendue?

L'impôt qui dispensera de contribuer aux dépenses publiques (en tant, bien entendu, qu'il existera du superflu dans la nation) tout citoyen dont les revenus n'excéderont point ce qui est nécessaire à sa subsistance, et créera pour les autres l'obligation de supporter progressivement ces mêmes dépenses publiques, selon l'étendue de leur fortune.

En vous entretenant de l'impôt progressif, vous sentez comme moi, Messieurs, que nous avons bien moins en vue l'intérêt du fisc, que les besoins du peuple. Laissez-moi donc vous parler du pain du peuple.

— « Mais qu'est-ce que la loi peut faire pour la subsistance? Rien directement, » m'objectera-t-on : avant qu'on eût l'idée des lois, les *besoins* et les *jouissances* » avaient fait à cet égard tout ce que pourraient faire les lois les mieux concertées. » Que pourrait-on ajouter par des lois directes à la puissance constante et irrésistible » de ces motifs naturels? Rien directement. »

Ainsi raisonne une vieille école de législation étayée, échafaudée et récrépite de tous les sophismes du *statu quo*.

Messieurs, nous pensons et raisonnons autrement; et l'impôt progressif est pour nous comme un premier pas dans l'acheminement à la solution d'un grand problème social, toujours ajournée par les ennemis du peuple : L'ÉGALITÉ ENTRE LES HOMMES.

A nos yeux, l'assiette actuelle de l'impôt n'est pas seulement un abus, elle est un crime, un crime de lèse-humanité; et pour exprimer ce qu'il m'en semble d'un seul trait, — la société française se suicide par *l'impôt proportionnel*.

L'homme du peuple, et j'entends par là des millions de Français, l'homme du peuple, rétribué à 35 sous par jour, paye au fisc avec ses sueurs et son sang (car la sueur est du sang, et l'action du besoin un suicide lent), paye 16 sous de charges et d'impôts reversibles par jour, comme nous l'avons déjà dit; c'est-à-dire qu'on lui enlève la moitié, moins un et demi, du *nécessaire*, de l'indispensable à sa subsistance.

Quel est l'homme à 100,000 livres de rente qui laisse 50,000 francs de sa dépouille, qui pourtant n'est pas lui, qui n'est pas son sang, dans les mains du fisc?

L'assise de l'impôt, en sens inverse des facultés personnelles, fait sentir et toucher au doigt que la société est exploitée par autre chose que par elle-même; qu'il y a toujours de la féodalité dans ses combles, et que la population d'un État sert de base à quelque colossale et écrasante statue, qui n'est pas celle du peuple souverain!

Mu par un sentiment d'indignation, que produit toujours le spectacle de l'injustice, et d'une longue injustice, j'allais récriminer. Mais j'apaise les torsions de mes entrailles, où je porte le peuple avec amour, et j'élève ma tête; car je m'occupe devant vous, Messieurs, de l'examen d'une loi, et une loi n'est jamais une récrimination, son caractère et son objet ne sont pas la vengeance. Le législateur, au-dessus des passions humaines, n'aborde l'homme que pour s'enquérir de ses besoins. Le mal et le remède doivent peser le même poids quand il compare : ses deux mains étendues sur les peuples sont une balance, et la justice, avant tout, doit tenir le fléau qui les équilibre.

Messieurs, il est une chose qui me paraît de la dernière évidence, parce qu'elle est de la plus impérieuse nécessité; c'est qu'une nouvelle ère de la loi va s'ouvrir.

La loi jusqu'ici n'a été que *conservatrice;* la loi est prête à se faire *créatrice*.

Dans la première ère, la loi disait à l'homme : *crée, produis, je conserverai, je garderai, je veillerai pour toi.*

Dans la nouvelle ère, la loi dira : *emploie tes forces et tes facultés, et je donnerai, je distribuerai, je créerai pour toi; les plans de ton bonheur m'appartiennent.*

La première faisait du sol l'Éden de quelques milliers de gros tenanciers, et le tombeau de l'espèce humaine.

La deuxième, providence de la petite propriété, donnera la terre, autant que possible, en partage à tous.

L'une n'était que de la *sûreté*, l'autre deviendra de l'*égalité*.

On pense bien qu'en élargissant les capacités maternelles de la loi, et la rendant propre à porter et nourrir également tous les hommes dans son giron, nous n'avons pas pour dessein d'amener l'homme à l'indifférence, à l'imprévoyance du lendemain, à suspendre ses pas dans la recherche du bien-être qui lui est naturelle, *à sevrer son existence des illusions de l'espoir, des jouissances de la possession;* que nous n'avons pas pour dessein de fermer et sceller d'un sceau d'archi-chancelier tout le roman de la vie humaine.

Qu'en commandant à la loi de *fournir* à la subsistance, nous ne voulons rien ôter de l'avenir qu'il y a dans tout travail surabondant aux nécessités du moment; rien retrancher des noix et des pigeons entassés à la saison pour la faim future et le jour des frimas et l'hiver de la vie. Car alors l'instinct de certains animaux en saurait plus que nos lois d'intelligence et de raison.

On pense bien qu'en rendant chaque citoyen passible et solidaire de la faim d'autrui, nous entendons encore moins créer au prévoyant, *à l'économe, autant d'ennemis qu'il y a de dissipateurs*, à l'homme qui a la puissance et le vouloir de transformer les biens de la terre, pour ainsi dire, en sa propre substance, et les faire circuler dans ses veines en sang généreux, autant de sangsues, autant d'insectes parasites et déprédateurs.

Loin de nous l'idée contre nature de rendre la nature et la lâcheté conquérantes, et de bouleverser, sous le dard du frélon, la ruche de la république des hommes; à chaque travailleur sa part de miel, à chaque abeille son alvéole.

Mais nous devons ici nous expliquer nettement, catégoriquement.

La justice de l'ancienne ère de la loi consistait en ce que rien ne pût être ôté à personne; je l'ai dit, c'est une loi de *sûreté*.

La justice de la seconde ère de la loi consiste à ne rien ôter au delà de ce qui sera *nécessaire, indispensable* au bien de tous; elle sera une loi d'*égalité*, sans cesser d'être une loi de *sûreté*.

J'aborde maintenant une objection des partisans du système de l'impôt proportionnel.

La propriété imposée, disent-ils, doit l'être d'une manière égale? — D'accord!

L'homme, à 100,000 francs comme à 20 sous de rente, ne doit au fisc que le cinquième de son revenu, si le cinquième est la quotité de l'impôt.

En agir autrement, ce serait consacrer l'inégalité devant la loi.

Je réponds : L'impôt proportionnel repose sur la propriété ;

L'impôt progressif sur la personne du propriétaire ; et c'est pour traiter également cette personne, qu'on la traite inégalement en apparence.

La propriété est cadastrée, la base de son impôt est invariable, car les relations entre ces qualités ou grains de terrains une fois connues, ne sauraient changer.

Mais il n'en est pas de même des hommes, et ce sont les hommes qu'il convient de cadastrer à leur tour. Et pour échelle d'appréciation, vous aurez leurs rapports avec la propriété même.

La propriété, sans ajouter à la valeur intrinsèque de l'homme, la propriété donne, on en conviendra, une inégalité de bien-être, une valeur relative de superflu d'homme à homme; c'est cette inégalité relative qu'on veut ramener autant que possible vers l'égalité, en la rendant imposable. C'est cette valeur empruntée à la propriété, bien qu'en dehors d'elle, car c'est une valeur de cumul, qu'on veut rendre passible de restitution; c'est le cumul du *nécessaire*, de *l'existence de plusieurs hommes* sur une seule tête d'homme, que l'on veut atteindre.

L'homme n'ayant que le nécessaire, l'homme que j'appellerai *à valeur intrinsèque*, est l'unité arithmétique.

L'*homme* à superflu, à cumul, *à valeur relative*, est le chiffre placé à la droite de l'unité, et qui acquiert d'autant plus de valeur, qu'il s'éloigne davantage de l'unité radicale.

Ce chiffre cumulard une fois connu, et cet abus de position relative bien déterminé, il appartiendra à la loi de statuer si elle doit user de toute cette valeur d'augmentation ou d'une partie, c'est-à-dire laisser à l'homme une portion de son superflu, ou lui enlever la totalité de ce même excédant du *nécessaire*.

Je dis tout ou partie, car le problème à résoudre n'est pas seulement mathématique, Messieurs, il est encore social.

Il saisit, il appréhende la société par les combles et par les fondements à la fois.

Il doit la remuer, mais de façon que la loi ne détruise pas la société, ou que la société ne détruise pas la loi.

Il importe donc qu'une échelle sagement graduée de l'impôt progressif prépare le bonheur des uns, sans jeter les autres et la société tout entière par contre-coup, dans le découragement et le marasme, car, où disparaît le superflu, le nécessaire ne tarde pas à manquer.

L'impôt progressif, que nous croyons devoir régénérer le corps social, est un remède *héroïque*, c'est-à-dire qu'il est aussi un poison, dangereux s'il était employé par des mains inhabiles ou passionnées, mortel s'il était prescrit à des quantités élevées.

Non pas qu'une de ces révolutions radicales, comme on en a vu, ne pût demander, au nom du peuple, aux détenteurs de la richesse collective de la société, d'ouvrir enfin cette immense épargne de seize sous par jour qui leur a profité, et dans le gouffre de laquelle ils ont à peine jeté un huitième annuel de leur superflu, quand l'homme du peuple y abîmait la moitié journalière de son nécessaire! Ce ne serait, à notre sens, qu'une juste restitution, que l'homme du superflu ne manquerait pas de son côté de qualifier d'un autre nom. Mais, si nous ne le demandons pas, et si nous nous gardions même de le conseiller en temps opportun, ce ne serait point pour empêcher la richesse de calomnier, ni le superflu de descendre, car, sans scrupule aucun, je le répète, une révolution pourrait frapper du niveau et faire tomber en débris fécondants sur toutes les têtes du peuple, chaque couche successive d'usurpation et d'injustice de la richesse pyramidale et monstrueuse.

Mais c'est pour le peuple lui-même, que nous ne devons pas vouloir que tout excédant du *nécessaire* soit compté comme *superflu*. Par l'impôt progressif, nous voulons appeler et encourager le peuple à monter; et comment monterait-il, si, en sortant du *nécessaire*, il trouvait d'abord le niveau sur sa tête? Le trop grand abaissement du superflu détruit l'industrie, éteint l'émulation. La vie au jour le jour commence quand on désespère de pouvoir rien amasser. Et c'est de cette vie-là que nous voulons faire sortir le peuple. Nous voulons qu'il songe plus qu'à subsister. Nous voulons étendre pour lui l'idée dans l'idée du *bien-être*, le droit de *vivre*, qu'on lui dispute, dans la faculté de *vivre commodément*, qui lui est acquise en sa qualité de membre d'une société civile.

Il importe donc d'arrêter, du côté des combles de la société, le gaspillage du bonheur commun, en abaissant le cumul de la richesse, et d'élever vers ce même bonheur ceux que les institutions actuelles en retiennent si éloignés à la base de la société.

Pour l'homme surchargé du superflu, l'abaissement de ce qu'il possède de trop doit s'arrêter à l'épiderme qui recouvre le bien-être réel. Car, s'il est vrai que l'homme par les avantages matériels et acquis de la fortune dont il jouit, puisse représenter quatre ou cinq existences d'hommes; cumuler même dans sa personne, jusqu'à telle somme de bien-être égale à celle de ces mille ou quinze cents individus qu'il frustre, ainsi que cela se voit, il ne lui est pas plus donné par nature de les représenter en bonheur qu'en forces physiques.

Pour l'homme manquant de l'indispensable, le mouvement ascendant du *nécessaire* doit se ralentir à cette ligne de section où s'arrête le *bien-être réel*, et commence la *vanité*, la *frivolité d'être*, cette maladie du siècle, que le siècle doit guérir.

On a calculé que tous les Français avaient à se partager une somme qui arrive à peu près à 260 fr. par an pour chacun.

Cette somme est plus que suffisante à tous les besoins possibles dans une situation égalitaire; car, si 260 fr. ne suffisent pas pour un homme fait, il y a de reste pour un enfant. Et chaque individu ne consomme, l'un dans l'autre, qu'environ 190 fr. de produits agricoles et industriels. Mais nous n'en sommes point là.

Celui qui prend douze millions par an sur la masse à partager, dévore à lui seul la subsistance d'environ 46,000 Français.

Celui qui prend un million, mange tout le revenu de 3,840.

Un conseiller d'État touche, dans ses 15,000 francs, celui d'environ 57.

Il a été supputé que les huit ministres, avec leurs chefs de bureaux, directeurs et employés seulement, touchaient par an environ 9 millions 7 cent mille francs d'appointements, c'est-à-dire qu'ils prennent la part de 37.000 Français.

On conçoit qu'avec tant de mangeurs il doit y avoir des jeûneurs.

Et qu'on ne vienne pas dire que *cet argent dévoré par les riches* se dépense et revient ensuite au pauvre par *mille canaux*. Sans doute les marchands peuvent gagner quelque chose sur le superflu des opulents, mais qu'y peut gagner l'homme qui n'a que ses bras? Le salaire de sa journée, et l'hôpital quand il est malade.... *Je voudrais bien qu'on m'expliquât*, disait J.-B. Say, *comment le bois prodigué dans les bureaux d'un ministère, empêche la veuve ou l'ouvrier d'avoir froid dans sa mansarde?*

On dit que la splendeur des grands *fait aller le commerce* et vivre le pauvre. En effet, il doit voir avec ravissement ces profusions auxquelles on a plié ses idées dans tous les temps. Quand un palais étincelle de lumières, quand des groupes d'hommes dorés, de femmes chargées de diamans s'y pavanent, quand la musique y enivre les sens, le pauvre est là dans la rue qui regarde et écoute. Il doit être content : c'est à son bien-être qu'on travaille! Toutes ces parures, ces lustres, ces glaces font aller le commerce.... Il reste donc absorbé dans sa contemplation, jusqu'à ce que le froid, la pluie l'aient glacé, et que des tiraillements d'estomac l'avertissent qu'il n'a pas dîné. En rentrant chez lui, il contera à sa femme et à ses enfants ce qu'il a pu voir, et ils en jeûneront avec plus de résignation.

Messieurs, pour terminer, je n'ajoute plus qu'un mot, qu'une vérité qui sera profondément sentie dans cette enceinte : la justice, la justice même en France est inaccessible pour le pauvre; les frais à avancer sont trop considérables, vous le savez. Aussi, moi, son ami, son défenseur, son frère de cœur et de conviction, j'ai voulu le représenter ici tel qu'il est lui-même. Je n'ai point fait comparaître de témoins. Les témoins que j'aurais appelés sont les médecins, les infirmiers des hôpitaux, les filles publiques, les hommes de la geôle et du bagne, tous ces hommes de réprobation, de misère ou de secours et de dévouement, qui auraient attesté combien est mauvaise l'organisation de la société actuelle, qui peut bien gâter et corrompre le proléaire dans quelques-uns de ses rameaux, mais non pas le tronc, il est sain, il est vivace, il est vigoureux, il grandit; c'est l'arbre social, messieurs, qui ombragera avant peu le sol de l'Europe et de la France régénérées *.

Ainsi je m'étais expliqué, en 1833, sur les misères des classes laborieuses, et sur les moyens que je croyais le plus immédiatement propres à y apporter quelque soulagement. A ces motifs anciens de substituer cette nature d'impôt à l'impôt proportionnel, sont venus, tout récemment, s'en ajouter de nouveaux, non moins impérieux que les premiers.

Qu'est-ce que la République, comparée aux autres formes et inspirations de gouvernement? Un sentiment plus profond du devoir et du droit de chacun. Un levier plus puissant dans les mains de l'État, autrement dit du Souverain, portant plus directement le Sujet à la grandeur et au bien.

Et, au lieu d'une République, que voyons-nous depuis la révolution de Février?

Les écus qui se cachent, par opposition et de parti pris, vous disant : Patience! vous n'en êtes pas encore où nous en voulons venir.

Les écus mieux intentionnés que les précédents, mais qui ne voient qu'eux, et d'autre balance dans le monde que les écus. Et dont le mouvement, n'apercevant rien eu regard de leur mouvement, s'enfouissent à la muette pour un temps meilleur.

Dans un autre ordre de désespoir ou de réaction, les partisans de toutes les dynasties déchues, les réactionnaires politiques de toutes couleurs et de tous drapeaux, qui, ne faisant pas, empêchent de faire, avec ce mot d'ordre sournois et contenu : Vous savez bien ce que nous voulons!

La grande propriété, qui se fait alarmiste et pousse, comme on ferait d'une brute constamment tenue en haleine, l'homme de peine et d'irréflexion qu'elle méprise, à la guerre civile, à la destruction de l'homme du peuple par l'homme du peuple.

Les détenteurs de la propriété individuelle, qui se retranchent derrière un droit véritable, celui de retenir la chose acquise et possédée; les croupions de la famille, qui s'abritent d'un droit naturel et primordial, celui de sa conservation propre et de la conservation des siens, pour maintenir un état de choses vicieux et marcher à la permanence des abus; la malveillance sous toutes les formes, la réaction sous tous les boucliers, et telles qu'elles viennent de m'apparaître au fond de plusieurs départements du midi, sont maintenant et inévitablement armées de toutes pièces.

Qui ne comprend dans ce grondement de calamités publiques et cette Vendée des esprits, que la réaction livre assaut à la Cité française nouvelle sur toutes ses avenues? qu'on joue sérieusement au renversement d'une République qui n'a rien de sérieux,... que son immense désir de trouver une issue praticable à sa grandeur; mais qui, en réalité, se sent dans un complet désarmement de toute législation démocratique propre à y parvenir?

Qui ne comprend, avec ces étranges errements de prospérité nationale, que l'industriel perd son droit de création productrice, devant les capitaux qui se retirent? l'ouvrier, le droit de vivre en travaillant, devant l'atelier qui se ferme en l'absence des capitaux? que la misère est partout, la banqueroute assise sur tous les comptoirs, et guettant déjà d'un œil odieusement louche, tous les coffres du service public? que sur un sol riche et fécond de toutes les richesses et fécondités, se reproduisent ainsi à

* Voir le journal *la Tribune* du 24 février 1833 et les journaux du temps.

tous les chefs et de tous les côtés, la détresse et une affamation systématique, qui ont déjà atteint toutes les profondeurs de la société active et productrice? Ajoutons à ces plaies de la France républicaine, d'un côté, l'exercice du vote universel, accepté par un grand nombre, bien plutôt comme un moyen de satisfaire de mesquines et réactrices passions, que comme un gage de vertu civique et de déploiement de dignité politique. D'un autre côté, ajoutons la liberté de la presse, entendue d'une manière indigne et anti-nationale par quelques-uns, soufflant depuis de nombreuses semaines sur toutes les lumières pour les éteindre; sur tous les charbons pour les allumer et provoquer un vaste incendie. Et cependant nulle mesure efficace n'est proposée. De quoi nous plaindrions-nous, en effet? N'avons-nous pas la République telle que le capital et l'impôt proportionnel nous la voudraient faire, ou la préparent pour l'avenir?.. Revenons à notre proposition.

Cette exposition loyale et succincte des mérites de l'impôt progressif, en 1833, ne réclamait plus qu'un dernier mot, mais capital en soi : nous voulons dire un mode d'application, moins encore comme praticable, que comme préservateur d'inconvénients graves, que pourrait offrir cette nature d'impôt, et que nous étions loin de nous dissimuler, s'il lui arrivait d'être administré par des mains inhabiles ou téméraires. Nous allons essayer de combler aujourd'hui cette lacune, après avoir formulé quelques considérations nouvelles qui militent en faveur de l'établissement de cet impôt.

Les cumuls de l'ancienne société. — Une guerre à outrance se fait contre les cumuls des fonctions dans l'Etat. Nous voyons même qu'elle a redoublé depuis quelques mois, avec le puritanisme qu'on prétend imposer aux républicains : non pas comme une vertu de plus qu'ils doivent compter parmi leurs vertus, mais comme une désaffection, comme un obstacle de plus à la consolidation de la République et à l'amour qui doit naturellement revenir à celle-ci. Et l'on ne manque pas d'y réussir en partie. La plupart de ceux qui se trouvent revêtus du bénéfice actuel de ces fonctions, succombent bientôt après par le déclassement et la perte accablante de leurs emplois. Cela s'est vu souvent sous les régimes précédents, cela se voit bien plus fréquemment encore depuis la révolution de Février, par la seule convenance des choses d'abord, et puis pour d'autres raisons encore : c'est une branche détournée de ce système d'affamation suivi avant tant de persévérance par un certain parti, qu'il n'est pas nécessaire de nommer ici pour le faire reconnaître. Tous les jours, en échange des titres les mieux acquis, des droits les plus sacrés, l'homme du travail fonctionnel, le préposé de l'administration et de l'ordre public, est exposé à la plus extrême misère; tous les jours au moins en proie à l'inquiétude permanente de ne pouvoir se perpétuer lui et sa famille.

Et un cumul exorbitant, bien autrement onéreux et compromettant pour toute cité bien coordonnée : car celui-là n'est pas révocable à volonté, se pratique à chaque heure, à chaque mouvement de certaines industries et de certaines possessions, d'une façon souvent scandaleuse, et de temps immémorial, à côté de celui-là : je veux parler des cumulards de la propriété.

Et qu'est-ce donc, comparativement, que cette fonction de créer de la richesse, ou de s'en constituer accidentellement le détenteur, pour l'investir de tant de priviléges et d'abus? Pour en écarter ainsi la moralité, dont on ne souffrirait qu'aucune autre fonction osât se passer? Pour y tolérer l'usurpation détournée, le conflit honteux et acharné de tous les genres d'égoïsmes; et ces faits une fois accomplis, en consacrer la permanence comme bénéfices, au profit des coupables? Pourquoi l'Etat ne surveille-t-il pas la création de la richesse? Pourquoi, dans une espèce, séparer ainsi l'homme de toute responsabilité, de tout contrôle de ses actes? Les autres fonctions, qui créent de l'ordre ou de la justice, de l'art ou de la sécurité, sont-elles donc si inférieures à celles qui engendrent et satisfont des appétits?

La Propriété, dans le droit européen, doit rester la propriété, la famille rester la famille. Toutes deux sont inhérentes à la qualité d'homme. La propriété est encore un droit au point de vue de l'éducation humaine, un droit aussi au point de vue du besoin de permanence et de fixité de la société. Elle constitue en partie. La patrie et *matrie*, comme le disait cette vieille expression bissexuelle qu'on n'eût pas dû laisser tomber en désuétude, à cause de sa noble et puissante signification. La Propriété foncière, entre autres, ne rapportant guère que trois pour cent, est certainement grevée par l'impôt dans la mesure du possible. Aussi n'est-ce pas d'elle que nous entendons précisément parler ici.

Mais il importe, selon nous, de distinguer rigoureusement la propriété du propriétaire, le tenancier de la chose tenue. Celle-ci suffisamment grevée, disons-nous;

cet autre naturellement absorbant, accapareur, d'autant plus dangereux pour tous, à ce jeu d'affamation du nombre le plus grand, qu'il possède davantage, qu'il est plus à même de dissiper dans des frivolités et superfluités, de gaspiller, sans être toujours personnellement auteur d'un progrès, d'une amélioration quelconque de la Propriété, qui puisse lui être rapportée même indirectement. Sans être toujours un multiplicateur réel, de l'instrument de travail qui repose héréditairement ou accidentellement en ses mains.

Il est vraiment inouï, en effet, de voir des hommes de chiffres, pour qui tout, jusqu'aux valeurs d'entrailles et aux produits de procréation humaine, tant qu'il ne s'agit que de l'Ouvrier, tout, disons-nous, se traduit par des formules algébriques, travailler sérieusement à dégager une inconnue, l'organisation du travail, qui les préoccupe violemment, en posant et engageant seulement un des termes, le Travail: laissant de côté les autres membres solidaires et réacteurs nécessaires de la proposition, tels que la Propriété, la Famille, etc., sans s'apercevoir que les questions se tiennent. Que les termes s'enchaînent logiquement, se résolvent par mutualité d'action et de réaction, dans la coordination d'une cité libre, comme dans la mathématique. Qu'on ne dégagea jamais, en économie politique, une inconnue avec un seul terme engagé et connu.

Mécanisme de l'Impôt progressif. — Le mécanisme de l'impôt progressif, dont nous avons d'abord à nous occuper, est bien simple et des plus faciles à saisir.

Pour plus de compréhension de ce que nous avons à expliquer, nous tracerons ici sur le papier : prêtez-moi un peu d'attention s'il vous plaît, deux lignes horizontales et parallèles :

A. ———————————————————— *Maximum.*

B. ———————————————————— *Minimum.*

Nous nommerons du nom de *minimum* la ligne inférieure B; du nom de *maximum* la ligne supérieure A.

Au-dessous du *minimum* ou ligne B, que nous appellerons encore l'unité du nécessaire, repose la chose ou matière inaccessible à l'impôt. Au-dessus du *maximum* ou ligne supérieure A, cette dernière limite ascendante du superflu permis, se produit la chose qui ne peut tomber désormais dans la possession privée.

Dans l'intervalle du *minimum* au *maximum*, se dresse et s'établit l'échelle de l'impôt, celui-ci gradué et croissant en charges, à mesure que l'on monte et s'éloigne du sol interne du nécessaire, pour arriver au dernier terme, à la route, pour ainsi parler, du superflu dernier autorisé.

De manière que, si nous prenons pour exemple une décimale, un homme jouissant actuellement de dix mille francs de revenu net, le nécessaire une fois satisfait avons-nous dit; une décimale ayant dix unités de mille pour parties aliquotes, les premiers mille francs de revenu net, de superflu avoué et reconnu, laisseront les neuf dixièmes à leur possesseur et un dixième au fisc. — Le second mille laissera deux dixièmes au fisc, et donnera huit dixièmes du revenu net à son propriétaire. Et successivement du reste jusqu'à la neuvième opération, où la gradation finit par absorber le capital, c'est-à-dire jusqu'au prélèvement où la quotité de l'impôt égale la quotité du revenu net de la matière imposée.

Que si, au lieu d'une décimale de nombres simples et géométriques, dont nous venons de formuler l'exemple, nous prenons deux, trois, quatre, cinq dizaines, etc.; c'est-à-dire 20, 30, 40, 50 mille francs de revenu pour dernier terme de l'avoir, et pour échelle, par conséquent, où la progression de l'impôt devra s'appliquer, ce ne sera plus alors qu'une demi, qu'un tiers, qu'un quart, qu'un cinquième d'unité de dizaine par mille, à prélever sur le revenu de la propriété, ou pour parler la langue de nos précédents expositifs, que le propriétaire si bien avantagé du superflu abandonnera au fisc.

La progression, si nous la supposons centigrade ou de cent degrés d'exercice et d'ascension, à mesure qu'il lui arriverait de s'éloigner du nécessaire fondamental, et d'une certaine unité autre, comme par exemple dix mille francs de revenu, que nous appellerons *unité de superflu*, par ressemblance d'un autre ordre de besoins avec l'unité du nécessaire de la vie matérielle, cette progression-là, disons-nous, maintenant que deux ordres de nécessités se trouvent satisfaites, chacune dans leur mesure propre, pourrait très-bien encore changer de condition et devenir autre, c'est-à-dire plus exigeante de décimale en décimale d'accroissement de superflu. Entrer même, pour de certains cas, dans des conditions de progression arithmétique; c'est-à-dire encore, que l'échelle des premiers dix mille francs de superflu net peut être comparativement moins grevée par l'impôt progressif; ne payer qu'un sur dix, par exemple, où les seconds dix mille francs suivants payeront deux; les troisièmes trois, et successivement. Et qu'une certaine progression géométrique déterminée peut encore être admise entre dizaines de centaine, comme il y en a une admise déjà pour la première dizaine en particulier.

EXEMPLE :

Impôt —	1		2		3
Avoir ou Superflu net —	10,000	+	10,000	+	10,000 etc.
Revient —	9		8		7

Et successivement jusqu'à la neuvième progression, avons-nous dit, où l'absorption du capital a lieu par l'impôt.

Nous ne donnons les formules et chiffres ci-dessus, que comme entente et explication de l'idée, nullement comme base actuelle d'opération de l'impôt à réaliser. Puisque, nous l'avons déjà exprimé, si, au lieu d'une unité de décimale à payer au fisc, on réduit l'action graduelle du jeu de l'impôt, la base géométrique sur laquelle il agit s'en élargira d'autant. On peut très-bien au lieu de 100,000, pousser la progression jusqu'à 200,000, 300,000.... et successivement plus loin, à mesure de la réduction de l'impôt à grever sur le superflu net imposable.

Réponse à une objection plutôt banale que capitale. — On a reproché à l'Impôt progressif d'offrir l'inconvénient d'absorber le capital au bout d'une certaine série de termes déterminés, de rendre tout accroissement de la fortune individuelle impossible, par delà un certain chiffre de prospérités particulier et convenu; et, par cela même, de mettre des limites à la liberté. C'est précisément ce qui fait que nous lui donnons la préférence sur l'Impôt proportionnel, père engendreur de tous les griefs qu'on est en droit de reprocher à la société ancienne et que défendent aujourd'hui les intéressés avec tant d'acharnement. Si nous n'entendons pas détruire les riches, à cause de la richesse en elle-même qui peut s'appliquer à tous, nous ne consentons pas facilement à ce qu'il y ait des pauvres à perpétuité, ainsi que cela ressort directement de la théorie des castes et de tous les exploitants du monde, mise encore en pratique de nos jours et parmi nous.

Dans un corps collectif, tout constitué de réciprocités et mutuelles solidarités, tel qu'est la société proprement dite, l'assiette de l'impôt ne doit pas être seulement en rapport de l'Individu à l'État, mais encore de l'individu à l'individu : c'est ce qu'on a trop méconnu jusqu'ici. L'égalité des charges de *la chose* devant la loi, n'est encore qu'une conquête et une œuvre incomplète de notre première révolution, qui attend son complément dans l'*égalité de la personne.*

L'impôt proportionnel a le grave inconvénient d'attaquer le nécessaire, c'est-à-dire la vie dans ses sources. L'impôt progressif s'attache seulement au superflu, sans le détruire, ni compromettre rien d'essentiel dans l'existence et le développement de l'homme, s'il est bien appliqué. C'est une raison, en bonne justice, de préférer et substituer l'un à l'autre.

L'impôt proportionnel ne sort pas du cercle de l'égalité d'acceptation. C'est l'égalité de la chose et non de l'homme. L'Impôt progressif, dans un gouvernement démocratique, est un des moyens les plus équitables, peut-être même le plus puissant, dans l'ordre des faits matériels, pour arriver à fonder ce régime d'égalité active et efficiente, que nous avons précédemment tant recommandée entre les citoyens d'une même République.

N'est-il pas étrange et contradictoire à tout esprit de justice, qu'en l'état actuel des choses, l'un paye l'impôt de toute sa personne, où l'autre ne le supporte que sur des accessoires et des superfluités de son avoir? — A qui fera-t-on accroire, par exemple, dans l'assiette de l'Impôt proportionnel, que le pain que l'ouvrier mange et met un jour de sueurs à amasser et conquérir, comme s'il s'agissait d'une place de guerre à emporter, est du même prix que celui dont se remplissent et regorgent ceux de la richesse oisive? et que ce pain de misère doit supporter à l'égal l'impôt proportionnel? Et par pain, on comprend bien qu'ici nous entendons l'ensemble des choses nécessaires à la vie. Ne vous apercevez-vous pas, vous qui récriminez contre l'impôt progressif ascendant, que vous avez organisé, par l'impôt proportionnel, une échelle de progression descendante, un puits d'iniquité qui va plongeant jusqu'au plus profond des besoins premiers de vos frères en humanité, comme pour en arracher la vie, en tarissant les sources réparatrices des sueurs et du sang. Que ferait de plus le génie du mal?

L'homme est une fonction de l'Univers; le travail une fonction de toute société particulière. Le droit de propriété qui découle des deux termes ci-dessus, un droit basé la plupart du temps sur le labeur de la famille, le besoin de sa durée et de son adhérence au sol : nous croyons ces principes incontestables. Mais il faut bien le reconnaître et se hâter de le dire aussi : le travail individuel n'a jamais été ni pu être un droit de cumul indéfini, d'accaparement, de supplantation d'autrui, lent, graduel, patent ou déguisé, il n'importe ; jamais une violence sociale faisant entrer le jeu, l'accident, l'égoïsme éhonté dans l'ordre de ses prospérités. L'individu, en toutes choses, est plus circonscrit que cela ; sa forme naturellement faible et délimitée, quand il reste dans les termes de la justice et de ses forces particulières. Et tout, dans la logique des corps complexes et des esprits, doit conserver ses proportions, si l'on ne veut pas que l'ensemble périsse ou n'enfante pas des monstres. C'est parce que la société laisse détourner des moyens qui lui sont propres, usurper des fonctions qui lui appartiennent, par des mains individuelles qui ne la représentent pas, que d'aussi intolérables abus sont à réprimer aujourd'hui. L'homme qui gagne cinquante millions en une heure par certains revirements de fonds, et certaines audaces d'agiot et de crédit, et celui qui n'arrache avec sueurs au sol et à la société, dans ses beaux jours, que vingt-cinq centimes dans le même temps donné, ne peuvent être citoyens d'une même république démocratique, enfants d'une même réforme sociale et d'une même patrie. Les deux cent mille individus dont l'existence de vingt-quatre heures est représentée par cette heure accapareuse du capitaliste, doivent, législativement parlant, frapper d'ostracisme l'homme aux cinquante millions, sous peine de ne pouvoir vivre et de tomber dans son exploitation.

Si nous admettons donc que tout homme, par cela même qu'il est, a droit à l'existence, à la conservation ; que d'un autre côté, les moyens de pourvoir et de procéder à la conservation ne diffèrent pas d'individu a individu d'une manière essentielle, et dans des proportions telles, qu'on ne puisse les ramener à un type commun, c'est-à-dire à compter tout au plus un *minimum* de nécessaire et un *maximum* de superflu dans l'essence et l'intérêt bien entendu de tous. — Que si l'homme peut au delà de ses capacités individuelles et excessivement bornées, avons-nous déjà dit, c'est qu'il usurpe quelqu'une des fonctions de la personne publique et collective, ou bien qu'il aura reçu d'elle mission d'en prendre mission : ce qui change ici l'égoïsme en dévouement, l'acte de personnalité répréhensible en mérite de sacrifice et de grandeur véritable. — Si nous avons égard, disons-nous, à toutes ces choses et à beaucoup d'autres encore que nous omettons, nous demeurerons convaincus que le problème posé par l'ère de civilisation actuelle, consiste surtout à déterminer une sorte de gravitation de l'individu, comme aussi de la famille, entre deux lignes parallèles ; entre l'*unité du nécessaire* ou le *minimum* basé sur l'égalité de besoins d'un côté, et le *maximum* ou *summum* de superflu de l'autre côté, permis à cette famille et à cet individu. — Ce *minimum* défini à l'avance par un certain chiffre local ou général, fourni par les données de la science économique, et exempt, autant que possible, des charges de l'impôt. — Ce *maximum* déterminé par le caractère même et les quadratures de la progression, supportant, en tant que superflu et revenu net, la majeure partie des redevances et charges de la communauté.

A ce point de vue, il est d'équité rigoureuse, pour le législateur, de déterminer un éloignement suffisant et à large entente entre ces deux parallèles du nécessaire et du superflu. Et ce, pour que la somme de progrès social qui s'accomplit dans la mesure et par l'activité de l'Individu, pour que l'ascension de la Famille, cet autre individu élémentaire de la Société puisse, par l'émulation et la durée, se réaliser utilement, naturellement, abondamment. De mesurer l'espace avec le compas, d'une main large et souveraine, au développement et à la liberté de tout ce qui constitue l'Individu ; mais aussi de s'arrêter là où l'individu finit, où sa puissance de capacité particulière change de nature et de loi pour en revêtir une autre.

Hommes d'utilité publique. — Pour ce qui est des autres accroissements de l'homme-individu, reposant presque tous sur des valeurs morales et des rapports d'individu à personne abstraite et collective : que l'Individu s'élève alors de cette première sphère privée, constituée, avons-nous dit, de *nécessaire* et de *superflu*, selon un certain degré de limites de *minimum* et de *maximum*, et qu'il passe et aille s'établir tout entier dans la sphère qui contient toutes les autres ; je veux dire la sphère publique, sans perspective autre, sans possibilité relative, que de pouvoir s'y enrichir de renommée, de considération, de bonnes œuvres accomplies dans l'intérêt des généralités de la société, dont il est un membre. Que le citoyen s'applique et s'étudie, si en lui s'en révèle la puissance, à tracer son sillon sur la terre, la terre historique et monumentale des grands travaux humains et nationaux : cette grandeur-là n'en redoute aucune autre.

Avantages de cette nature d'impôt. — De là le superflu, en tant que revenu net du capital et de la propriété, n'ayant plus désormais de liberté d'action dans les mains des détenteurs, au delà de certaines limites posées par l'impôt progressif, on ne verrait plus de fortunes particulières s'élever démesurément, scandaleusement,... pour le malheur du plus grand nombre! Dans les accroissements égoïstes ou orgueilleux de l'individualité, la collectivité ferait partout ses réserves. Mu par des forces vraies qui lui sont inhérentes, mais qu'en aucun cas il ne pourrait abusivement excéder, l'individu ne supplanterait jamais la société, même en matière de lucre et de finances. Nul n'aurait capacité de s'élever à l'égal des hauteurs et des fonctions de la personne collective d'une nation, comme cela se voit habituellement; la délimitation des deux rôles et des deux personnes se présenterait partout; des sujets ne pourraient en aucune manière faire antagonisme et gêner le souverain dans son action comme cela se pratique de nos jours.

Assez larges d'ailleurs dans leur conception pour ménager le superflu individuel et l'avenir de la famille, l'intérêt du capital, le revenu de la propriété, n'accumuleraient plus ainsi, sur un nombre de têtes déterminé et proportionnellement en très-faible minorité vis-à-vis de la population travailleuse et totale d'un vaste empire, une grande partie des avantages sociaux. Et comme il faut que toute loi générale, pour être bonne, en retirant sa main de l'un l'étende à l'autre, la petite propriété et la petite industrie en seraient singulièrement et immédiatement favorisées.

Du moment qu'en s'élevant avec l'activité de l'individu, le capital et la propriété toucheraient la limite extrême et ascendante de la progression géométrique ou arithmétique assignée, l'édifice individuel du capital et de la propriété, par delà cette limite, s'écroulerait : car à quoi bon se faire l'administrateur de biens qui ne sauraient plus rien rapporter dans les mains du grand capitaliste ou du grand propriétaire? Propre à se consolider en dedans de cette limite législative, l'édifice particulier ne serait plus que sable au sommet de ce cône pyramidal permis et assigné.

Tendant virtuellement au fractionnement par la nature même de l'impôt, la propriété, les capitaux, les instruments de travail iraient atteindre de nouveau, en s'éparpillant, un plus grand nombre de nécessiteux, de prolétaires aujourd'hui dénués de toutes ressources : même de celles du salaire, par le mouvement et les nombreux déclassements de l'atelier particulier et des industries tombées. Car, au delà du *maximum* de superflu permis, il est naturel que la propriété tende à s'écouler et s'échanger par la vente et les transactions de toutes sortes. La propriété agricole, quant à cette progression décroissante de la grande propriété, et cette progression ascendante de la petite propriété, va à la vérité où il y aurait moins de capitaux que par le présent; ce qui semble contradictoire avec tout système d'amélioration de culture bien entendue. Mais nous prions qu'on fasse la remarque, qu'elle va aussi où il y a plus de temps et de forces vives à employer : ce qui fait au moins une large compensation.

Dans un pays qui procède, depuis soixante ans, par les voies de l'égalité, non pas de niveau, puisque les inégalités d'homme à homme y sont parfaitement comprises, mais par ce qu'il convient d'appeler *une moyenne d'égalité;* dans une société de génie démocratique, disons-nous, où toutes les grandes corporations intermédiaires, conservatrices et sources de priviléges, sont tombées, et où il ne reste plus en présence que l'Individu et la Société, il n'y a plus que cette nature d'impôt qui puisse s'établir et tenir ferme sur ce terrain mouvant de moyenne égalitaire, en même temps que satisfaire à ces principes de fraternité civique.

Il résulterait ici plusieurs effets concurrents et fort distincts :

1° Pour l'ensemble et l'économie générale de la cité, un effet d'absorption, et par contre d'irrigation, de déversement égal aux quantités absorbées. Exactement comme le mouvement et la fonction du cœur dans l'économie humaine, recevant de tout l'organisme le sang veineux, et les éléments chimiques nouveaux de sa composition fournis par la nutrition, et le restituant amélioré, vivifié et sang artériel maintenant, à toutes les parties du corps vivant et altéré de ses nouveaux bienfaits.

On comprend que ce qui s'écroulerait du culmen des fortunes individuelles, en tant qu'excédant et progression de *superflu*, pour tomber dans l'épargne publique, retournerait au public, en tant que *nécessaire*. Que l'État trouverait par là le moyen d'enrichir ou doter le travail nécessiteux, par le seul mécanisme de l'impôt, sans appauvrir toutefois le possédant heureux et comblé.

2° A cet effet de justice vraiment passive, puisque encore ici la Société ne produit rien d'elle-même; que ce qu'elle retient d'une main, elle se contente de le répandre de l'autre, s'en joindrait bientôt un second; un effet d'activité ou de production propre; en harmonie avec les grandeurs morales et symboliques de la Société : l'État se ferait créateur et producteur dans la ligne des grands travaux, et en vue des nécessités premières de la vie.

L'abaissement de la grande propriété, au profit de la petite; le retrait du capital prêté des mains usurières, au profit de la propriété agricole et manufacturière; l'élimination du patronage et de la maîtrise devant l'association, sinon même sa disparition complète du fait de la société actuelle, au profit du travail réel et de la main-d'œuvre, seraient les bienfaits immédiats et premiers obtenus de ce régime nouveau. Tout ce nouvel état de choses ne permettant plus en effet aux monopoles privés, aux particuliers à l'état plus ou moins manifeste d'isolement, de s'immiscer désormais dans l'entreprise des établissements publics : l'Individu n'ayant plus que son importance relative au foyer vrai du dogme social.

Une vaste synthèse administrative et nationale s'organiserait par le fait même de cette mesure fiscale. Un grand État, en aucun temps, ne pouvant se passer d'accomplir de grands travaux, le problème des grands travaux, des grands ateliers, disons-nous, des symboliques et positives expressions de ce tout monumental et administratif, que comportent la force et la majesté d'une puissante République, se résoudrait par les activités mêmes de l'État, et lui reviendrait de fait et de droit. L'accomplissement des vastes créations par le pays, marche parallèlement à l'établissement de l'impôt progressif. Ici la personne collective s'élève d'autant plus, que la personne individuelle va perdant de son importance première, et devient comparativement impuissante.

3° Une foule d'effets nouveaux naissent de celui-ci.

Un effet d'amortissement des intérêts usuraires, sous lesquels succombent aujourd'hui la propriété et l'atelier. Car, outre que l'État peut très-bien ici se faire prêteur et se substituer à l'hypothèque, il est maître encore, dans l'espèce, de produire des valeurs ou nombreuses ou rares, sur le marché de la place publique. Il peut opérer, comme dans un effet de bourse, la hausse ou la baisse des valeurs analogues, et réduire, pour la consommation, à de justes conditions les produits presque toujours onéreux des spéculations particulières.

Il en résulte un effet de régularisation du tarif de la production. Car, renseigné de tous côtés, et renseignant à tous les chefs et par devoir, l'État peut exercer une surveillance indirecte et par en haut, des monopoles particuliers; opérer une rectification permanente de toutes les conditions de la société productrice et consommatrice. C'est la situation d'une bonne police maritime, sondant chaque jour ou en temps utile, les passes d'une embouchure de fleuve habituellement et variablement ensablé par l'action des marées; et les faisant connaître journellement à la navigation. Les sinistres cessent, deviennent moins fréquents ou impossibles. Tout marche d'un même ensemble et d'une même confiance. Le vaisseau militaire passe comme le vaisseau marchand, en toute sécurité. Je ne parle point ici de la moralité qu'il est en pouvoir d'engendrer et de produire sur toutes les voies du mouvement social. L'État se fait producteur sans écraser le producteur. Marchand sans détruire le marchand. Ouvrier sans nuire à l'ouvrier. Propriétaire sans absorber et ruiner la propriété. Mais au contraire pour remettre l'équilibre partout où il peut manquer. Pour remettre en pied tout sujet d'une même souveraineté, tout fils d'une même patrie et matrie, toutes les fois qu'il arrivera à celui-ci de chanceler ou perdre terre, vis-à-vis de positions antagonistes et particulières mieux faites et mieux définies que la sienne. Protecteur et régulateur né de toutes les sources de prospérité, son antagonisme apparent s'arrête, en réalité, à l'endroit utile et précis où il concilie l'intérêt du producteur ensemble et de l'ouvrier, de la chose et du propriétaire, de l'association particulière et de la société proprement dite. L'industrie, l'atelier, la propriété peuvent toujours prendre exemple et tarif de lui, car il fait de son côté et dans ses productions propres, tout ce que peuvent par nature faire la propriété, l'atelier, l'industrie. Collectif qu'il est, il crée pour ainsi dire dans les limites des individus, car c'est à cause d'eux qu'il s'érige en providence sociale.

Danger réel et double, dans l'application de l'Impôt progressif. — Sans désespérer jamais de notre espèce, nous sommes loin cependant d'être optimiste : nous n'avons pas pour habitude de rêver tout éveillé. Avec ce mot de providence sociale, ici se présente une objection sérieuse pour ceux qui veulent, comme pour ceux qui ne veulent pas de l'impôt progressif.

L'ère sociale nouvelle, toute démocratique, ne laissant plus debout et en présence l'un de l'autre que l'Individu et la Société, il est à remarquer que le premier, dans son état d'isolement, se trouverait relativement faible, opprimé même en beaucoup d'occasions, si l'on considère que la société est un corps faillible en soi, c'est-à-dire susceptible d'erreur et de passion, comme tout ce qui agit, dans la réalisation de ses actes particuliers. Et ce mot de providence sociale, dont à dessein nous nous sommes servi, pourrait bien ne pas recevoir son exécution, ou en avoir une toute contraire : c'est-à-dire que ce qui profiterait à l'ordre, pourrait bien, en fait, préjudicier à la liberté. L'objection grandit encore, si l'on a égard qu'entre antagonismes il faut toujours une certaine proportion : et ici l'antagonisme de l'individu et de la société ne saurait faire doute, si la proportion manque en effet entre eux. Mais où trouver cette balance et ces contre-poids réciproques, entre deux termes extrêmes, maintenant demeurés seuls en présence?..... Où? dans l'Association.

Contre-poids de l'Association et de la Société. — La Société n'offrant plus, disons-nous, que deux termes extrêmes et antagonistes, l'Individu et la Société proprement dite, dont l'un est naturellement faible et réduit, l'autre disproportionné et puissant par comparaison, c'est ici qu'il resterait à déterminer surtout, dans quelle proportion de groupement des individualités particulières, l'*Individu* et la *Profession*, par la voie d'*Association*, pourraient se présenter en regard et faire antagonisme et corps vis-à-vis de la *Société* : la Société, avons-nous dit, armée, de son côté, de la *Fonction* et des avantages d'une concurrence générale, dont nous la supposons pourvue. Car la Société préposée dans les plans du phénomène providentiel, pour soutenir et compléter l'Individu, ne saurait dans aucun cas lui nuire, sans manquer à sa destination et fausser son caractère propre. Cette juste balance de l'association des individus, et des puissances permanentes de la Société, cette loi d'inversion de deux forces dont l'action est réciproque et simultanée, est une des clefs du monde moderne, moins encore à trouver qu'à préciser et définir, car il y a longtemps qu'elle est tombée des mains de la grande logique d'en haut, s'il est vrai que l'homme ait été tardif et lent à la ramasser.

Il est donc bon, qu'à part les secours qu'il peut tirer des moralités natives de la Société, l'homme devant ce grand corps permanent de la Société, qui peut avoir ses erreurs et ses caprices, par cela même qu'il est faillible, le corps mobile et transitoire de l'Individu, disons-nous, ne demeure pas faible, et désarmé de tout point d'appui trouvé et mis en œuvre dans sa nature propre d'individu. Le remède à la faiblesse relative de l'individu vis-à-vis de la Société, est dans l'Association. Il ne faut pas, en effet, que cette faiblesse dégénère en impuissance, dans l'intérêt de l'un comme de l'autre. Il ne faut pas non plus qu'en puissance de se corroborer, elle se relève par insubordination, et puisse se traduire par l'impunité dans les cas répréhensibles.

« Je vois bien, » disait le Premier Consul au Conseil d'État, dans un de ses bons moments de veine démocratique, « je vois bien un pouvoir législatif et administratif, » mais le reste de la nation, qu'est-ce? des grains de sable... Il faut jeter dans le sol » des blocs de granit, sur lesquels nous élèverons notre nouveau système. »

L'*Association* est le bloc de granit où doit s'asseoir et s'élever l'Individu; la *Société* l'arche sainte, le temple où le devoir, le sacrifice de chacun à tous, et de tous à chacun dans les limites du juste, doit se retrouver à son tour, imprescriptible et entier dans ses formules sacrées.

La faculté de s'étoffer en tant qu'Individu par l'Association, est un *droit* relevant du *droit* et de la *liberté*.

L'obligation de subir le contrôle et la direction omnipotente de la part de la Société, un *devoir* relevant du *devoir* et de la *subalternisation* naturelle de la partie au tout, de la personne individuelle à la personne collective.

Association et Société, Droit et Devoir, Liberté et Subalternisation sont les deux grands antagonismes, ou, pour parler avec plus d'exactitude des harmonies préétablies du phénomène humain, les deux grandes inversions qui constituent l'existence sociale.

Il importe donc, de nécessité, que l'un et l'autre, Société et Individu, au point de vue de leur conservation particulière, se réfugient dans un *minimum* et un *maximum* d'existence et d'action déterminés par leur nature propre. Ici le *minimum* de l'Individu, c'est l'Individu lui-même : on n'est pas plus faible qu'alors qu'on est seul. Le *maximum*, c'est cet individu lui-même à l'état d'un certain développement possible et déterminé par l'Association.

Là est le port et le salut, mais là aussi est l'écueil.

Revers du danger dont nous venons de voir la face. — Aujourd'hui tout est tourné au vent de l'Association. L'Association est, soi-disant, la loi divine et newtovienne des mondes de l'humanité. Il n'est patriote courant aujourd'hui par les rues à la manière d'Archimède, qui ne se vante de l'avoir trouvée le premier : gens de meilleure volonté que suffisamment éclairés. Qu'on y prenne garde : l'Association est philosophiquement le dernier mot de l'individualisme, car il est en réalité le complément de ses puissances. C'est parce que ce mot n'implique pas nécessairement la notion de société, qu'il importe, malgré sa grande et incontestable utilité actuelle, de le surveiller à l'exécution, et l'empêcher de se substituer à cette dernière, qu'il n'a toujours eu que trop de propension à supplanter. Car l'Association, par essence propre, qu'on y réfléchisse, est un protestantisme déguisé : et le temps du protestantisme, comme philosophie sociale, est passé; une sorte de petit État dans l'État, recouvert des prestiges du nombre, et vivant de sa vie propre au milieu d'intérêts plus généraux, et leur faisant parfois antagonisme. — Les castes et priviléges du règne oligarchique, les jurandes et maîtrises du régime bourgeois, toutes les divisions tyranniques de la vieille Société, qui fatiguent la terre depuis tant de siècles, ne sont pas autres que l'histoire de cette supplantation, de ce protestantisme décoré d'autres noms. L'Association peut et doit révolutionner la Société; mais le mode d'Association veut avant tout subir sa révolution propre, par des puissances autres que les siennes : c'est ce que personne ne semble comprendre.

Aujourd'hui que les grands corps intermédiaires entre le prince et le peuple, qui constituaient autrefois le pouvoir ou se présentaient comme ses premiers appuis, sont disparus du milieu de la Société française, l'Association, comme la comprennent de nos jours certaines écoles ultra-économistes, tendant sans relâche et sans limites, à agglomérer, d'abord chaque corps de métier en forme de jurande particulière; puis tous les corps spéciaux, toutes les industries corporatives, en une masse générale et fédérative de producteurs, cette association-là, persistons-nous à dire, serait plus que dangereuse : car elle rendrait tout État impraticable. Impraticable, disons-nous, par l'absence de contre-poids réels et possibles, faisant défaut à cette fois par en haut. Après avoir ainsi trouvé un palliatif à la faiblesse et la misère actuelles de l'Individu, il ne serait pas bon de consommer, par contre, la ruine et la faiblesse de la Société, dont la défaillance entraînerait tout. Débouté de l'agglomération des capitaux dans un petit nombre de mains, dont le pays, sous le nom d'agiotage et de crédit particulier, a si cruellement à déplorer aujourd'hui les excès, l'individualisme trouverait le moyen, à l'insu même de ceux qui tendent à des réformes dans ce seul sens, de se replier, hydre aux cent têtes ou Briarée étouffeur aux bras nombreux, vers les puissances de l'Association, pour tout envahir de nouveau. — Rappelons tout au principe. L'Association est une loi d'agrégation temporaire, une loi de juxtaposition, et tout au plus de cohésion momentanée des puissances individuelles : nous l'avons démontré. Seule, la Société est une loi d'affinité, d'harmonie, de pénétration mutuelle et permanente. Seule, la grande fraternité, qui unit l'humanité dans une même communion d'espèce. La Société, pour tout envelopper d'un mot qui la contienne, est de Dieu, l'Association est de l'homme. Chacun des termes du problème doit donc être traité d'abord selon sa valeur propre et les lois de sa nature, sous peine de ne plus s'entendre et coïncider entre eux. C'est à la limite de ces deux choses fort distinctes, Association et Société, que le dix-huitième siècle et ceux qui le perpétuent dans le dix-neuvième, ont établi leurs théories de liberté et de confusion, de contrat prétendu social et de droit de l'individu-monopoleur : n'accusant au problème, comme on voit, qu'un seul des deux termes, qu'il fallait traiter d'abord, avons-nous dit, et résoudre ensuite par la théorie des ressemblances et la même raison mathématique.

Il ne faut pas, avons-nous dit encore, que les facultés d'association dégénèrent en puissance d'insubordination et d'impunité.

Plus l'Individu grandit et étend son action par l'Association, plus la Société, la personne collective vouée par nature et destination à l'inversion d'action vis-à-vis de l'individu, doit grandir en proportion, se ménager des leviers et de nouveaux points d'appui, pour réagir et y maintenir ses forces dirigeantes. C'est ce qui nous a fait entrevoir distinctement, au milieu de ces mille conflits de partis qui fatiguent l'œil et l'attention du penseur, cette tendance invincible de la Société moderne, à acquérir son *maximum* de puissance actuelle et possible, en se plaçant à la tête des grandes fraternités et solidarités humaines. Pour de là faire une large part à l'Association et à l'Individu.

Les temps sont proches, où protégé par d'augustes institutions sociales, où de progrès en progrès de la moralisation de tous, chacun, selon son droit à la conservation, pourra, à de certaines conditions morales et matérielles remplies, aller demander le redressement des torts de la fortune particulière à la fortune générale et publique, sans spoliation, sans haine, sans guerre d'individu à individu, de position acquise à position à faire. Où, déclassé de l'*Association* et de la *Profession* par des fatalités souvent qu'il n'a pas faites, l'Individu se réfugiera dans le giron de la *Fonction* et de la *Société*. Où il pourra, à défaut d'autre bénéfice mieux défini dans la communauté des devoirs sociaux, réclamer de l'État son droit au travail, corollaire obligé et le plus humble du droit d'exister : car le mécanisme et les produits d'un impôt progressif bien entendus, verseraient pour longtemps d'immenses ressources aux mains de l'État. — Du reste, si la Société proprement dite, peut s'élever à de hautes destinées, en nos jours, l'Association de son côté, tout le monde en est convaincu, est loin d'avoir dit son dernier mot.

Nos idées pouvant avoir quelque chose d'insolite pour la plupart de nos lecteurs, nous nous permettrons d'y revenir par forme de résumé.

Le problème peut être réduit et posé en des termes plus simples encore, et qui ne sauraient être d'une impossible solution.

Un *minimum* de nécessaire et un *maximum* de superflu étant donnés, trouver dans l'écart ou l'intervalle parallèle et approprié de ces deux termes extrêmes, le moyen que l'individu-famille y puisse ascensionner et accomplir, par l'émulation et l'amour de soi inhérent à l'humanité, la somme de progrès et de bien public qui relève de l'Individu.

Et par contre :

La Société devant bénéficier de tout excédant par delà certaine limite absolue du superflu individuel, et ne pouvant manquer comparativement que d'en devenir très-puissante, trouver, dans une association bien entendue des individualités, le moyen que l'Individu n'en soit pas accablé ou diminué dans ses droits de développement et de liberté. Mais, au contraire, préparer les choses de telle sorte que la Société soit une réparation incessante, un refuge ouvert et permanent contre les éventualités du déclassement et les cas fortuits de l'existence productrice. L'Association, elle, de son côté, un refuge continu contre la faiblesse et l'isolement, qui pourraient nuire à la nature de certains travaux, qu'on sait ne s'accomplir bien qu'en commun et à l'aide de certaines machines dispendieuses et compliquées, dont l'individu, dans le nouvel état de choses, ne saurait à lui seul assumer sur lui tous les frais.

Ainsi dans ce système, réparateur par essence, l'Individu, en définitive, bénéficierait des deux termes antagonistes restés inconciliables jusqu'ici : Association et Société, Droit et Devoir, Liberté et Subalternisation. L'Association, comme nous croyons l'avoir fait comprendre de reste, appartenant ici à la spéculation de la pensée individuelle ; la Société à la spéculation de la personne et de la pensée collective, représentée et fonctionnant ici par l'État.

Et comme en toute matière de recherches et de découvertes il faut une méthode, le principe ci-dessus défini nous la fournirait encore : c'est l'avantage de toutes choses nettement posées.

Méthode de recherches et d'exécution. — Je place en regard, d'un côté, les formules de l'Association : j'entends les trois degrés de l'échelle constitutive de l'individualité qui nous occupe, l'Individu, la Famille, l'Association.

J'ai peu d'estime et de goût pour l'éclectisme en général ; mais, quand on est pourvu d'une pensée mère et féconde, on peut très-bien descendre à lui et en tirer parti : on a ce qui le juge et est en puissance de le relier.

J'interroge alors sur les formules individuelles : le cabétisme, qui contient des valeurs ; les études socialistes sur le groupement des individus, de mesdames George Sand, Tristan ; de MM. F. Lamennais, P. Leroux, Proudhon, É. de Girardin, L. Raybaud, Francis Lacombe, L. Blanc, Owen, Burette. Le fouriérisme, à la tête de tout, qui cherche depuis si longtemps le problème de la commune, et qui n'a d'autre défaut peut-être que de ne pas se préoccuper à l'égal du problème de l'Empire : solutions qu'on ne peut obtenir que l'une par l'autre. J'interroge et je compulse les données de J.-J. Rousseau lui-même, père de toute cette lignée de penseurs éminents de nos jours, qui, malgré d'admirables percées dans le socialisme, ne s'en sont pas moins laissé absorber comme lui par le principe individuel. Et beaucoup d'autres renommées encore, qui ne me tombent pas dans le moment sous la plume, et qui ont fait de consciencieuses et utiles explorations dans cette direction. Je les épluche, je les compare, je les complète au point de vue de la connaissance de l'individu. J'étudie jusqu'aux règlements des associations libres, des ateliers et groupements d'intérêts de toute nature, qui couvrent aujourd'hui le sol de l'Europe.

Possesseur de cette analyse et de ce regard des choses de l'Individu, je me retourne et place maintenant de l'autre côté, l'Etat. La Société au galbe synthétique et colossal, avec ses formules et ses moralités impérissables, telles que nous avons essayé de les définir : l'Égalité, la Fraternité, la Solidarité sociales. La permanence de tous les âges. L'activité simultanée de toutes les facultés privées ensemble et collectives. La prépondérance et le droit de direction de tout ce qui est perpétuel, complet, type générateur et sanction d'autorité, sur tout ce qui n'est que transitoire, incomplet, individuel, temporaire, etc., etc.

Et des rapports de ce double élément inversif et parallèle, Société et Association, Droit et Devoir, Intérêt et Sacrifice, et leur jeu réciproque, je déduis une troisième formule, qui devient alors le compromis, la constitution législative et harmonieuse de ces deux termes extrêmes.

Le principe fondamental une fois défini, la loi générale une fois trouvée, la philosophie des institutions une fois arrêtée, la méthode des organisations une fois montée et mise en jeu, c'est à l'Économiste de la prendre des mains du penseur, et de travailler maintenant dans sa sagesse à en parfaire l'application. Plus près du détail matériel et de la vitalité pratique de l'Association, cette partie de la science sociale, comme nous l'avons reconnu en commençant, est plus propre aussi à triompher des difficultés d'exécution. Nous ne nions à personne son genre d'aptitude et ses mérites particuliers : aucune lumière, nous devons cela à la droiture de notre cœur et de nos recherches du mieux, ne nous a jamais offusqué.

Après cela, quant à ce qui existe actuellement de contraire à l'équité de cette classification nouvelle des agents sociaux, d'accablant dans l'application de cet impôt pour les positions acquises, mettez-y le temps, mettez-y les formes et les tempéraments voulus par une sage et prudente législation : nous ne pouvons que le solliciter nous-même. Abaissez le chiffre de la progression ascendante dans des proportions les moins onéreuses que possible pour les positions acquises : mais déterminez l'avenir d'une manière nette et précise. Que le principe de l'Impôt progressif soit désormais consacré comme un axiome de justice. Que l'Impôt proportionnel, admissible encore, je le suppose, pour un certain temps, pour de certaines choses inertes et de consommation, que l'impôt indirect, comme on a coutume de le nommer, s'imprègne et se ressente profondément lui-même de l'équité de l'impôt fraternel et progressif; de ces rapports vivants, incessants, continus de l'homme à l'homme, auxquels rien de la Société et de sa morale distributive ne devrait échapper.

Mais au nom d'une équité sévère, d'une fraternité sociale et pratique mieux entendue, plus de cumuls; encore moins d'exorbitante accumulation des capitaux et de la propriété en un petit nombre de mains. L'homme est une fonction, ou si mieux vous aimez, un fonctionnaire de la grande propriété publique, qu'il importe de ramener à sa valeur effective, lui personnellement, et sa chose à celle d'un crédit relativement limité.

La chose de tous, dans l'état actuel, n'étant que celle du plus petit nombre, par suite d'innombrables abus que leur durée semble avoir fait imprescriptibles; la possession, qu'on sait usufruitière, transitoire, conditionnelle de sa nature, s'étant à la longue convertie en propriété inféodée à l'individu, vous n'arriveriez jamais à trouver le principe avoué et reconnu, à l'aide duquel devra découler la fixation du salaire, proprement dit, sans redressement intelligent de ces mêmes abus. Vous n'arriveriez jamais à dégager du milieu de la Société de nos jours, qui s'est faite volontairement complication de problèmes égoïstes, l'unité du nécessaire que tout homme est en droit de réclamer et de sauver des ongles dilacérants de l'impôt; jamais, à instaurer dans la Société, la conservation et le développement égal de tout membre de la Cité, sans lesquels il n'y a point de Cité réelle, si vous ne tranformez en impôt progressif l'impôt proportionnel : ce reste de lèpre, jusqu'ici incurable, endémique à l'aristocratie, ou, pour parler avec plus de justesse, à ses codes de tyrannie, dont la Société a encore tant à souffrir. Il y a plus, la Famille, la Propriété, dans leurs bienfaits et leur moralité véritable, ne commenceront d'être constituées qu'à cette condition. En effet, nous n'entendons nullement détruire la Famille, ni la Propriété et la Liberté individuelles qui lui sont inhérentes : certes nous nous en sommes suffisamment expliqué. Mais nous croyons le Code de la Famille actuelle, surtout dans sa partie des lignes collatérales, de même que le Code de la Propriété dans ses autorisations de cumul et d'accaparements indéfinis, susceptibles de recevoir d'heureuses modifications. Mettre des limites écrites et déterminées, à ce qui est de soi limité dans l'ordre de nature, n'est pas ébranler, mais raffermir.

Il est un terme d'éloignement du centre de la Famille, éloignement accompli par le simple fait des entre-croisements des races et des individus dans le mariage, où les lignes collatérales, à force d'étendre le rayon de la Famille, touchent à la Société, et rentrent véritablement dans ses éléments. Car, en toute bonne définition, ce qui a pris un commencement doit avoir aussi une fin, une limite : à plus forte raison, quand il y a engrenage, jeu réciproque d'antagonisme et d'inversion entre deux forces opposées et réagissantes, comme ici la Société et la Famille. Pourquoi s'étonner alors, que la Société ne reconnaisse plus les droits de certains collatéraux extrêmes, comme Famille, surtout quand elle ne tient aucunement à aristocratiser celle-ci, à recommencer l'œuvre de caste? Pourquoi ne pas admettre qu'elle se les assimile, les absorbe? Qu'ils aillent maintenant, de par les droits d'une sainte et sévère égalité, se confondre avec tous les membres, toutes les parties élémentaires de la Famille générale, auxquels la Société ouvre bien également son épargne, mais pour lesquels elle doit faire aussi ses réserves et prélever ses dîmes, là où elles naissent, et aussi là où elle a semé?

Comme il n'est pas moins évident, qu'il y a un terme de cumul, où la Propriété particulière retient, par abus, quelque chose qui appartient bien certainement à tous: la possession actuelle ou le superflu exorbitant, n'étant plus dans aucun rapport d'équation, avec les besoins de consommation matérielle et d'emploi rationnel, propres et assignés par la nature au maintien des individualités. Tout cesse d'être dans son droit en l'outre-passant.

Quel étonnement qu'à toutes ces frontières naturelles de droits réciproques, où l'Individualisme s'applique à entretenir théoriquement la confusion, dans le but d'en profiter, quel étonnement que la Société intervienne? qu'elle s'immisce entre le droit de conservation de tous, et ce droit libre de création de chacun, pour rétablir l'équilibre rompu ou prêt à se rompre? Elle serait bien plutôt à reprendre, si elle n'avait pas l'énergie de son devoir. Quand surtout les uns manquent de l'absolu nécessaire, et que la vie, pour les autres, est entrée dans un factice effrayant, que rien des lois morales et physiques ne saurait autoriser.

Pourquoi ne pas obliger la Propriété, sous quelque forme qu'elle revête, aux vertus et aux dévouements de la fonction, comme toute autre fonction de la grande Famille? Vous resterez toujours en deçà des termes d'une réforme sociale efficace, puissante en résultats civilisateurs, tant que vous ne déclarerez pas le pain de la Propriété lui-même, un salaire, l'œuvre d'une fonction.

En prenant le travail comme titre méritoire de chaque citoyen, ainsi que la pente inévitable y porte; et la production générale comme élément fondamental et commun des choses de répartition à dispenser entre les membres d'une même Société, vous n'auriez encore rien fait. Fussiez-vous même parvenus jusqu'à ce point civilisateur, de pouvoir transformer en fonctions relevant de la chose publique, tout ce qu'il est humainement possible de transformer des professions particulières actuelles, nous le répétons, tout n'en continuerait pas moins de marcher de convulsions en convulsions et de mal en pis, tant sur le sol d'Europe que sur notre terre réformatrice de France, en particulier, si le salaire ou bénéfice des professions n'arrive à la longue à faire un juste et fraternel équilibre, dans nos législations, au salaire des *fonctions.* Si les possibilités du cumul par le droit d'industrie, le droit de propriété, le droit de capitaliser, continuent à dépasser toute mesure de proportion et de comparaison, avec l'échelle de rétribution des fonctions dans l'Etat. Si l'atelier général et national, armé d'une paternelle concurrence et surveillance, sans étouffer l'industrie productive particulière et l'émulation individuelle, n'oblige celles-ci à se contenter d'un lucre proportionnel et relativement peu différent de ses *maximum* du salaire. Combattre le Socialisme, sous prétexte qu'il attaque et nie la Famille et la Propriété, c'est tout bonnement un contre-pied des choses et des mots, que l'on veut prendre et se permettre sciemment.

Socialisme, comme la nature du mot l'indique, est la science des rapports sociaux, maintenant mieux appréciés et tendant à se systématiser. La consécration de la Famille et de la Propriété, dans la science et la sainteté plus complexe et plus élevée de la Société. Socialisme est le rapport déterminé de Famille à Famille, sans acception de riche ni de pauvre, avec un égal respect de chacune d'elles, puisque toutes en effet composent la grande Famille appelée Nation, Société, Peuple, Humanité. Socialisme est le mot d'organisation, Communisme le mot d'institution qui nomme la moralité de ces mêmes rapports et consomme l'unité dans l'organisation. Il est absurde, il est barbare comme langue d'idées, comme langue de mots, comme langue de faits, par le temps qui court, d'en arriver, ainsi que certains puristes de politique et de législation rétrogrades, à déblatérer chaque jour sur tous les tons de la feuille volante et de la publicité, contre ceux qui parlent correctement la langue correcte des événements révélateurs et providentiels. D'ouïr éclater l'anathème périodique et quotidien, contre quiconque admet tous les mystères, toutes les vertus, toutes les saintes et mutuelles pénétrations de Famille à Famille, de Famille à Société, contre quiconque entend unir et fixer par des lois positives, ce qui est uni et fixé par la nature. Dialecticiens, moins subtils encore que grossiers de scolastique, s'ils se font orateurs, il est barbare de les entendre, à la face d'une nation incomparable d'intelligence et d'une auguste Assemblée, traiter la Famille comme un être abstrait, par l'isolement même de la Famille. Comme s'il n'y en eût numériquement qu'une seule au monde : la leur sans doute ou celle dont ils se constituent *avocatement* les chefs et les apôtres. Oublier, dans quelque sophisme violemment tordu sur le marbre de la tribune, que l'Individu conclut à la Famille, la Famille à la Société. Entrer en une implacable colère, contre tout ce qui fait ou cherche la science de la hiérarchie de ces trois termes, la Fraternité de ces trois nombres. Orateurs et publicistes malencontreux, Rédacteurs en chef de méditations et de révolutions par procès-verbaux, qui, en traitant de la Famille et de sa constitution, n'oublient qu'un seul petit point, mais qui les comprend tous en soi : la *Fraternité des Familles*, dont, on s'efforcerait en vain de le nier, le Socialisme noblement entendu est l'harmonieuse consommation.

Après avoir satisfait par une constitution administrative et politique à la révolution dans la forme, il importera de satisfaire à la révolution qu'appelle le fond, d'organiser consciencieusement la Fraternité : premier et dernier mot de la société nouvelle. Et nous n'hésitons pas à l'affirmer : Dans l'ordre de l'économie politique, nous regardons l'Impôt Progressif comme un mode d'application de la loi de Fraternité.

C'est sur cette institution et sur ce mot de Fraternité, nous l'avons démontré dans notre opuscule, que repose tout entière la constitution sociale à donner aux peuples. Celle qui, par une législation neuve et appropriée, doit embrasser non pas seulement l'organisation du travail, comme se complaisent uniquement à l'exprimer et le poursuivre, certains économistes à courte vue, qui ne remuent qu'un terme isolé des nombreux termes de la question : mais encore l'organisation ou réorganisation de la famille, de la propriété, de la Société. Qui doit définir nettement les pouvoirs politiques nouveaux, que ces organisations créent nécessairement; exposer la morale supérieure et active qui en doit résulter; enchaîner et compléter tous les termes d'une civilisation nouvelle enfin, qui efface et prédomine en magnificence d'idées, de bien-être et de justice distributive, tout ce qui l'a précédée jusqu'ici.

Prétendre, comme on doit s'attendre à le voir objecter, que dans l'hypothèse d'une pareille réforme de la Société, il y aurait impossibilité de création de richesses, nous semble une supposition purement gratuite.

Une nation de 32 ou 33 millions de producteurs, jusqu'ici déshérités d'un avoir qui suffise à la vie, travaillant maintenant, non plus pour le *nécessaire*, puisqu'il est garanti, mais pour le *superflu;* mais pour le mieux-être, le bien-être, les jouissances et le luxe de la consommation qui font plus ou moins l'ambition de tout le monde, une pareille nation peut-elle ne pas créer de richesses? Ne pas arriver à la réalisation la plus complète de cet axiome si fameux en économie : que le peuple qui consomme le plus, est encore celui qui produit le plus? Une Société, qui accomplirait les grands travaux et les principales merveilles de l'Atelier par les puissances même de l'État, aurait-elle, d'un autre côté, à redouter la concurrence sur les marchés étrangers, où tout se produit jusqu'ici, même en Angleterre, par association de capitaux individuels? Groupés dans un mouvement de solidarité productrice et fraternelle, trente-cinq ou quarante millions de population totale, montant maintenant, chacun selon ses aptitudes et ses forces, les degrés d'un *maximum* de superflu passablement élevé, donneront-ils une somme de produits et de bonheur individuel, inférieure à celle du système qui permet à un million d'hommes seulement, de vivre actuellement, en l'absorbant en partie, du produit net de la propriété? Car, tout se réduit à cette comparaison, en définitive. Et n'y eût-il qu'équation entre eux, le premier système serait encore de beaucoup préférable à l'autre.

FIN DE LA NOTE RAISONNÉE.

www.ingramcontent.com/pod-product-compliance
Ingram Content Group UK Ltd.
Pitfield, Milton Keynes, MK11 3LW, UK
UKHW020255250726
13967UKWH00004B/1690